Armin Schneider

Forschungs-
perspektiven
in der
Sozialen
Arbeit

**WOCHEN
SCHAU
STUDIUM**

Bibliografische Information der Deutschen Bibliothek

Die Deutsche Bibliothek verzeichnet diese Publikation in der Deutschen Natio-
nalbibliografie; detaillierte bibliografische Daten sind im Internet über http://dnb.
ddb.de abrufbar.

Titelgestaltung: Ohl Design
Gedruckt auf chlorfreiem Papier
Gesamtherstellung: Wochenschau Verlag
ISBN 978-3-89974469-9

INHALT

1. EINFÜHRUNG

Sozialarbeitende kommen vielfältig mit Forschung in Berührung: Sie nutzen Studien mit Aussagen über die Lebenslage von z.B. armen Menschen, Jugendlichen, Familien. Oder sie wollen in einem Sozialraum die Situation der Menschen aufgrund einer aktivierenden Analyse verändern. Zuweilen sollen durch gezielte Untersuchungen Maßstäbe und Bewertungen für das eigene professionelle Handeln gewonnen werden. In diesen Beispielen wird Forschungswissen zur Beurteilung und Nutzung von Forschungsergebnissen, zur Mitwirkung, zur Konzeption oder Anwendung im Bereich der Forschung erforderlich sein.

Soziale Arbeit kann als Wirken zwischen Individuum, Organisation und Gesellschaft verstanden werden. Zur Umsetzung dieses Anspruchs muss sie Prozesse und Wechselwirkungen analysieren und bewerten. Sie muss um die Wirkung ihrer eigenen Methoden und Konzepte wissen und sich um deren ständige Verbesserung bemühen, schließlich muss Soziale Arbeit Hilfe- und Bewältigungsmöglichkeiten für neue soziale Frage- und Problemstellungen entwickeln.

Es reicht nicht aus, Antworten auf diese Fragestellungen dem Zufall („irgendetwas funktioniert schon"), der vermeintlich guten Tradition („was früher gut war, ist es heute auch") oder gar der Willkür („jeder macht es irgendwie richtig") zu überlassen. Soziale Arbeit wird sich und anderen Rechenschaft über ihre Anliegen, ihre Methoden und ihre Wirkungen geben müssen. Dazu bedarf sie der systematischen Erkenntnisgewinnung durch Forschung.

Forschung im Bereich der Sozialen Arbeit hat dabei einige Besonderheiten: Sie findet nicht in „sterilen Soziallabors" statt und führt in der Regel nicht zu universalen Erkenntnissen. Bei aller Diskussion um die stärkere Bedeutung wirtschaftlichen Denkens in der Sozialen Arbeit fällt in den Haushalten und Bilanzen der sozialen Organisationen, Einrichtungen und Unternehmen auf, dass hier offensichtlich Forschung im Gegensatz zu Wirtschaftsunternehmen keine Bedeutung hat. Es gibt weder bei den Wohlfahrtsverbänden, den Behörden noch in den privaten sozialwirtschaftlichen Unternehmen festgelegte Mittel oder eigene Abteilungen, die sich um Forschung im Bereich Sozialer Arbeit in nennenswertem Umfang bemühen.

„Perspektiven" wird hier in mehreren Bedeutungen verstanden: Soziale Arbeit wird aus dem Blickwinkel der Forschung betrachtet, die Zukunft der Forschung der Sozialen Arbeit wird entwickelt, dabei soll auch ein „Durchblick" als weitere Bedeutung von Perspektive entstehen und vermittelt werden. Forschung aus diesen Sichtweisen ist kein Selbstzweck, sondern hat Veränderungen im Blick: Ohne Entwicklung bedarf es keiner Forschung und ohne Forschung wird eine Entwicklung nur dem Zufall überlassen bleiben. Nur wo Forschung und Entwicklung in einem so verstandenen Zusammenhang wirken, lässt sich Professionalität stetig verbessern und erweitern.

Soziale Arbeit hat den Anspruch, im Feld zwischen Individuum, Gesellschaft und all den zwischen diesen beiden Ebenen liegenden Organisationen und Institutionen von der Familie bis zum Pflegeheim, von der offenen Jugendeinrichtung bis zur geschlossenen Justizvollzugsanstalt, in den unterschiedlichsten Lebenssituationen zum Wohle der Menschen zu wirken. Da alle diese Bereiche in einer dynamischen Gesellschaft dem Wandel unterliegen, ist Soziale Arbeit immer mit neuen Fragestellungen, Anforderungen und Bedürfnissen konfrontiert und entwickelt ihr eigenes Handlungsspektrum fort.

Forschung als systematische Gewinnung von Erkenntnissen wird im professionellen Kontext Sozialer Arbeit an Bedeutung gewinnen:

Interventionen der Sozialen Arbeit stehen vor der Frage ihrer Wirkung (Effektivität), dem sinnvollen Einsatz von Mitteln (Effizienz), sie müssen sich im gesellschaftlichen Kontext rechtfertigen (Legitimation) und einem Anspruch von eigenen und gesellschaftlichen Werthaltungen (Ethik) Genüge tun.

Forschung vor diesem Hintergrund findet sowohl in der Praxis, als Evaluation, wie auch mit der Praxis statt: als Handlungs-, Praxis- oder Aktionsforschung. Schließlich geht es um Grundlagen zur Erfassung der gesellschaftlichen Wirklichkeiten (Sozialberichterstattung), um Forschung über Wirkungsweisen Sozialer Arbeit in ihrer Gänze oder in einzelnen Methoden, Instrumenten und Konzepten (Grundlagenforschung). Diese Formen können als Forschung für die Soziale Arbeit bezeichnet werden.

Dieses Buch will Grundlagen für Forschung und Entwicklung der Sozialen Arbeit darlegen und die wissenschaftliche Neugierde zur eigenen Forschung beflügeln. Dazu ist ein Interesse an Erkenntnis, der Suche nach Wahrheiten, ebenso unerlässlich wie der Anspruch an die eigene Forschung, über den Einzelfall und die eigene Person hinaus Gültigkeit und Bedeutung zu erlangen. Damit sollen die Voraussetzungen für die eigene Forschung durch Sozialarbeitende vermittelt werden, aber auch das Instrumentarium, um sich für den Alltag der Sozialen Arbeit Forschungsergebnisse kompetent und kritisch zu erschließen. Nicht zuletzt soll das Buch auch dazu motivieren, die Praxis und die Theorie Sozialer Arbeit für die Forschung zu öffnen. Nur eine offensive Zusammenarbeit zwischen Praxis, Theorie und Forschung kann Soziale Arbeit an ihr Ziel führen: Einen wirksamen Beitrag für die Adressaten in deren Lebenslagen und -situationen zu leisten.

Zum Aufbau des Buches

Das Buch geht von einer Hinführung zur Forschung in der Sozialen Arbeit aus und wendet dann den Blick immer konkreter von den Forschungstypen (hier verstanden als Zusammenfassungen ähnlicher Forschungsarten, Kapitel 3) hin zu den verwendeten Verfahren (verstanden als Zusammenfassungen von Methoden, die einem ähnlichen wissenschaftlichen Paradigma folgen, Kapitel 4). Nach dieser Übersicht werden die grundlegenden Settings für ein Forschungsvorhaben, ausgehend von Forschungsdesigns (Kapitel 5) hin zu den Methoden (Kapitel 6) und der Präsentation von Forschungsergebnissen (Kapitel 7), dargestellt. Geleitet ist diese Gliederung von dem Gedanken, dass jede Forschung sich zunächst ihrer Interessen vergegenwärtigen muss und diese dann das weitere Vorgehen und das Handwerkszeug bestimmen. Forschung in der Sozialen Arbeit wie auch die empirische Sozialforschung generell sind dadurch gekennzeichnet, dass sie Erfahrungen erforschen, die zum großen Teil auch im Alltag von vielen Personen gemacht werden. Daher unterliegen deren Ergebnisse immer der Gefahr, dass sie entweder als überflüssig angesehen werden, wenn sie mit den (unwissenschaftlichen) Alltagserfahrungen übereinstimmen oder aber verworfen werden, wenn sie dem Alltag widersprechen. Es ist deshalb erforderlich, sich in diesem Buch auch damit zu beschäftigen, wie Ergebnisse genutzt, übertragen, umgesetzt, veröffentlicht und zur Wirkung gebracht werden können (u.a. auch Kapitel 8).

2. Forschung als Bestandteil der Professionalität Sozialer Arbeit

Die Funktion der Forschung, systematisch Erkenntnisse zu gewinnen, ist sowohl auf Praxis als auch auf Wissenschaft angewiesen. Werden Praktiker nach der impliziten Anwendung von Forschung in der Sozialen Arbeit befragt, so werden hier derzeit allenfalls in Forschungsinstituten der Universitäten oder Fachhochschulen positive Antworten gegeben. Am weitesten verbreitet sind in den letzten Jahren Evaluationen, die meist einen Aspekt der Wirkung eines Programms untersuchen. Weitgehend in Vergessenheit geraten sind Ausprägungen der Handlungsforschung. Kurt Lewin war es schon in den 40er Jahren des letzten Jahrhunderts suspekt, dass in der Sozialen Arbeit Tätige ohne Bezug auf wissenschaftliche Erkenntnisse arbeiteten (vgl. Hart/Bond 2001, 27). Heute kommen Formen der Handlungsforschung in etwas veränderter Form als Praxisforschung (vgl. Moser 1995) oder in Formen der Handlungswissenschaft zum Zuge. Kaum Beachtung finden Ansätze der Grundlagenforschung zu grundlegenden Fragestellungen der Sozialen Arbeit, etwa zu deren Ethik, ihrem Interventionsverständnis oder dem Hilfe- oder Präventionsbegriff. Abgesehen von neueren Ideen der Sozialraumanalyse beruht die der Sozialen Arbeit vorgeschaltete Analyse oft auf wenig hinterfragten „fachlichen Einschätzungen", „Überzeugungen" oder gar Traditionen. In der Jugendarbeit wird unreflektiert von „jugendgemäß", in der Arbeit mit Behinderten von „Anwaltschaft" geschrieben oder gar nach dem „politischen Mandat" gefragt, oft ohne je die Adressaten nach deren Auffassung oder Sicht der Dinge zu fragen. Die Sozialberichterstattung erfreut sich, zumindest bei den Wissenschaftlern und bei der Vorstellung der Ergebnisse, für die Wirkungszeit von Pressemitteilungen und Hintergrundberichterstattungen einer temporären Bedeutung. Für das Lesen, das Ziehen von Schlüssen oder gar die Anwendung von Empfehlungen fehlt den Praktikern oft schlicht die Zeit. Eine Übersetzung vom Wissenschaftssystem hin in die Praxis wird von den Parlamenten, den Regierungen oder sonstigen Auftraggebern nicht finanziert, ist vielleicht auch gar nicht so sehr gewollt, zumindest nicht systematisch.

Wenn diese kurze Skizze in Ansätzen stimmt, so ist zu fragen, warum sich Soziale Arbeit mit Forschung zu beschäftigen hat, hat sie doch mit sich selbst, ihren Problemen und dem ein oder anderen wissenschaftlichen Ansatz schon genug zu tun: ja und nein. Vielleicht ist es gerade die Versunkenheit in die Praxis, die ob der damit verbundenen Verstrickung eine Reflexion oder gar eine systematische Suche nach Erkenntnissen so schwer macht. Bedarf doch Forschung immer eines Schrittes weg vom alltäglichen Geschehen und einer Hinwendung zu einem Bild vom Ganzen. Mag dies nun wissenschaftliche Hypothese genannt werden oder selbstreflexive Distanz. Erst dieser Abstand führt zu Fragen, zu Interessen und schließlich zu neuen Erkenntnissen. Eine stillstehende Gesellschaft braucht keine solchen Erkenntnisse. Eine Soziale Arbeit, die sich selbst genügt, braucht ebenfalls keine solchen Erkenntnisse. Will Soziale Arbeit dagegen in einer relativen Autonomie ihre fachliche Position entwickeln, darstellen und einen wesentlichen Beitrag zur Gesellschaft leisten, dann muss sie den Abstand zum Alltag suchen, dann muss sie sich auf die Suche nach Erkenntnis machen. Nur eine solche Suche kann eine Profession etablieren, die zumindest die Hoffnung haben darf, dass sie nicht zum Spielball aller anderen Interessen wird außer denen, zu denen sie nach ihrem Selbstverständnis und ihrem Anspruch verpflichtet ist.

Wenn von der Medizin her über das Management von einer „evidence based practice" die Rede ist, dies fälschlicherweise mit „evidenzbasierter Praxis" übersetzt wird, so kann dies nicht eine Vernaturwissenschaftlichung oder Vermathematisierung der Sozialen Arbeit bedeuten. Eine Forschung in der Sozialen Arbeit kommt nur zu zeit- und ortsgebundenen selten zu deterministischen Aussagen („wer arm ist, nimmt auch minderwertige Nahrung zu sich"), sondern zu probabilistischen Aussagen („wer reich ist, ist mit 90-prozentiger Wahrscheinlichkeit gesünder ernährt"). Wird man evidence mit dem Wort Fakten übersetzen, kommt diese Bezeichnung dem Anliegen näher: Nämlich Soziale Arbeit zu betreiben, die ihre Konzepte, ihre Wirkungen, ihr Bild vom Menschen, ihre Grundannahmen, ihre methodischen Ansätze auf Fakten aufbaut.

So verstanden ist Forschung unerlässlich für die Entwicklung einer Sozialen Arbeit als Profession für Menschen und deren Beziehungen als Individuum, gesellschaftliche Gruppe oder Organisation bzw. der Gesellschaft. Perspektiven der Forschung in der Sozialen Arbeit gehen über eine reine „Sozialarbeitsforschung" der Zusammenhänge zwischen Adressaten und Professionellen in der Sozialen Arbeit hinaus. Zwar wird Sozialarbeitsforschung über diesen engen Rahmen hinaus gesehen, der Begriff vermittelt dennoch eine Enge, die zumindest im interdisziplinären Bezug falsche Signale setzt. Für eine Profilierung der Profession ist er bisher noch zu weitläufig gefasst. Dennoch kann Wendt zugestimmt werden, wenn er den Gegenstand der „Sozialarbeitsforschung" weiter zieht: „Wohin man mit und durch Soziale Arbeit kommen will, liegt außerhalb von ihr vor. Der Gegenstand von Sozialarbeitsforschung kann deshalb nicht auf den Lebens- und Problembereich der Klientel sozialer Dienste und Einrichtungen beschränkt bleiben. Im Blick der Wissenschaft und der Forschung muss die ganze Komplexität modernen Lebens bleiben" (Wendt o.J., 2).

Diese Notwendigkeit schlägt sich zuweilen auch in den Curricula der Fachhochschulen im Bachelorstudiengang und in den weiterführenden Masterstudiengängen nieder. Im Bachelorstudiengang sollte die

Grundlage für ein positives praxisorientiertes Forschungsverständnis und die Anwendung von Forschungsmethoden und die Umsetzung von Forschungsergebnissen gelegt werden, Evaluationen sollten sicher durchgeführt werden können. Spätestens ab dem Masterstudium sollten aktiv weitere Forschungsformen und -typen genutzt werden.

FORSCHUNGSGEGENSTÄNDE

Was können Gegenstände einer Forschung im Bereich der Sozialen Arbeit sein? Was ist mit der „ganzen Komplexität modernen Lebens" (Wendt, a.a.O.) gemeint? Es wäre zu vermessen und übertrieben, die Forschungsperspektiven der Sozialen Arbeit in allen Bereichen des Lebens darzustellen, und zu behaupten. Perspektiven zeigen Blickrichtungen aus einem Blickwinkel auf. Der Blickwinkel der Forschung ist die Soziale Arbeit mit ihrer ethischen Ausrichtung auf die Menschenwürde und die soziale Gerechtigkeit, mit der ihr eigenen Fachlichkeit und ihren Bedingungen. Die Blickrichtungen der Forschung gehen daher naturgemäß über die Soziale Arbeit hinaus, Richtung meint aber auch ein dezidiertes Erkenntnisinteresse. Allgemein können Forschungsgegenstände in folgende Kategorien unterteilt werden:

1. Individuelle und soziale Bedingungen von Personen und Personengruppen in der Gesellschaft: Mit Blick auf Entwicklungen, Bedarfe und Notwendigkeiten, die diese Bedingungen an eine professionelle Soziale Arbeit stellen. Beispiele sind die Erforschung der Situation von Kindern und Jugendlichen, von alten Menschen, von behinderten Menschen, in bestimmten Stadtteilen oder Regionen.

2. Gesellschaftliche, politische und staatliche Entwicklungen: Mit Blick auf die Gestaltungs- und Veränderungsbedarfe, die sowohl sozialpolitischer als auch sozialarbeiterischer Natur sind. Beispiele sind die Forschung über die Auswirkung von politischen Entscheidungen (Gesetzgebung, Verwaltungsvorschriften), von Einflüssen wie der demographischen Entwicklung usw.

3. Methoden, Konzepte, Veranstaltungen, Handlungen, Interventionsformen und Anwendungen Sozialer Arbeit: Mit dem Fokus auf deren Wirksamkeit und Nutzen für die davon betroffenen Personen und Personengruppen und deren gesellschaftliches Umfeld. Als Beispiele sind die Wirksamkeitsforschung in der Kinder- und

Jugendhilfe oder die Evaluation von Konzepten in einer Bildungs-
einrichtung zu nennen.

4. Theorien, Zusammenhänge, Verständnisse: Hierbei geht es um
   die Grundlagen einer Profession und die Frage, vor welchem
   Hintergrund Soziale Arbeit agiert, wie das Menschenbild aussieht,
   welche Abstrahierungen für die Praxis der Sozialen Arbeit sinnvoll
   und nützlich sind. Diese Forschungsgegenstände sind Ausgangspunkt für ein wissenschaftliches Verständnis der Profession oder
   gar einer Wissenschaft der Sozialen Arbeit.

Eine breite Fülle von Forschungsbereichen zeigt das Autor/innenkol-
lektiv der Universität Koblenz-Landau auf und kommt zu folgenden
zehn Thesen (vgl. AutorInnenkollektiv 2004, 259 ff.):

- Die Forschungsgegenstände sozialpädagogischer Forschung sind
  nahezu unendlich.
- Die Besonderheit „sozialpädagogischer Forschung" bestimmt sich
  anhand der Fragestellung.
- An Erhebungsmethoden ist eine ganze Palette denkbar: „Spezifisch
  sozialpädagogisch sind die Auswertungsstrategien, die vor allem
  die Perspektiven auf die Bedingungen und Prozesse der (Re-)Kon-
  struktion von Subjektivität, nicht nur, aber auch in Belastungs- und
  Krisensituationen herausarbeiten" (a.a.O., 259 f.).
- „Das Methodenrepertoire der Sozialpädagogik muss und kann
  weiterentwickelt werden, manchmal wird dabei auch scheinbar
  Altes wiederentdeckt" (a.a.O., 260).
- Die Empirie der Forschung liefert Ergebnisse sowohl für die Pra-
  xisentwicklung als auch für die Theoriebildung.
- „Praxis sucht nach Erklärung und Aufklärung, nicht nur nach Be-
  stätigung und Rechtfertigung" (a.a.O., 260).
- Entscheidend ist der Gebrauchswert der Forschung.
- „Nur was etwas kostet, ist auch etwas wert. So falsch diese Le-
  bensweisheit ist, wenn sie schlicht ökonomisch gelesen wird, so
  richtig ist sie nach unseren Erfahrungen für den (Aus-)Tausch von
  Dienstleistungen" (a.a.O., 261).
- Die Verbindung von Forschung und Lehre ist das Programm der
  Universität [dem wäre anzumerken: auch der Fachhochschulen,
  Hochschulen und Berufsakademien! A.S.]

- „Forschung ist, wie alle wissenschaftlichen Arbeitsformen, auf
  Selbstbesinnung ebenso angewiesen wie auf Austausch" (a.a.O.,
  261).

Wird von der klassischen Unterscheidung von Sozialarbeit und Sozialpädagogik einmal abgesehen, so lassen sich mit diesen Thesen generell
Forschungsbemühungen im Feld Sozialer Arbeit kennzeichnen.

3. Forschungstypen:
Forschung in, mit und für
die Praxis

Forschung lässt sich ganz unterschiedlich differenzieren, z.B. als Grundlagenforschung oder Anwendungsforschung, je nach Verwertungsinteresse, oder als Auftragsforschung zwischen einem hoheitlichen Auftrag einer Hochschule (Forschung und Lehre) und einem Auftrag mit privatwirtschaftlichem oder sozialwirtschaftlichem Hintergrund. Nachfolgend wird davon ausgegangen, dass es sich bei Praxis und Wissenschaft zwar in Anlehnung an die Systemtheorie Luhmanns um zwei unterschiedliche Systeme mit je eigenen Gesetzmäßigkeiten handelt, diese sich aber begegnen, aufeinander bezogen sind und in Teilbereichen sogar überschneiden, nämlich dort, wo Praktiker/innen und Wissenschaftler/innen gleichgerichtete Ziele im Blick haben.

Auf einem Kontinuum von in Praxis involvierter Forschung, in der auch die Forscher/innen Teil des Systems Praxis sind und der Forschung,

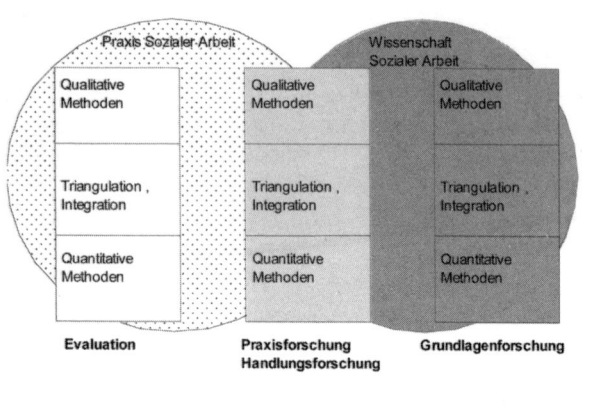

Abbildung 1: Forschungstypen im Überblick

die in einem größeren Abstand zur Praxis allein durch Wissenschaftler/
innen im System Wissenschaft erfolgt, lassen sich zumindest demnach
drei unterschiedliche Forschungstypen unterscheiden:

- Forschung in der Praxis (Evaluation)
- Forschung mit der Praxis (Praxisforschung, Handlungsforschung)
- Forschung für die Praxis (Grundlagenforschung, Sozialberichterstattung).

Jeder dieser Typen lässt sich sowohl mit qualitativen als auch mit quantitativen Methoden betreiben und natürlich mit einer entsprechenden
Verbindung der beiden Methoden, die später als Triangulation bzw.
Integration zwischen beiden Methoden zu beschreiben ist. Die Begrenztheit der Unterscheidung zwischen qualitativen und quantitativen
Methoden wird nachfolgend immer wieder deutlich und kann nur als
eine theoretische begriffen werden. Ob eine Unterscheidung zwischen
rekonstruktiver und hypothesenprüfender Sozialforschung, wie sie
Bohnsack (vgl. 2007, 10) vorschlägt, ziel führender ist und sich in
der weiteren Diskussion durchsetzt, wird die Zukunft zeigen. Hier soll
der erstgenannten Einteilung der Vorzug gegeben werden, nicht allein

aus Gründen der Tradition, sondern aus den ganz unterschiedlichen erkenntnistheoretischen Hintergründen und den unterscheidbaren Erfordernissen für die Forschungspraxis.

3.1 FORSCHUNG IN DER PRAXIS: EVALUATION

Während Reflexion einen geringen wissenschaftlichen Anspruch hat, kann Evaluation als anwendungsbezogene Erforschung von Zielen, Ergebnissen und Wirkungen definiert werden. Eine handwerklich gut gestaltete Reflexion stellt zwar auf die vorher vereinbarten Ziele ab, hat aber bei weitem nicht den Anspruch durch wissenschaftliche Methoden zu Ergebnissen und Erkenntnissen zu gelangen. Leider wird allzu oft Evaluation als neues und vermeintlich modischeres Wort für eine Reflexion verwendet und es kommt zu unklaren und unwissenschaftlichen Pseudoevaluationen, deren Ergebnisse schon vor der Forschung feststehen oder die einzig und allein einer Legitimation eines Programms dienen.

Evaluation als angewandte Forschung wird im Falle einer Selbstevaluation von den Praktikern und Akteuren der Sozialen Arbeit selbst unternommen, dann aber immer in einer (selbst)kritischen Distanz zum Geschehen. Zwar geht es einer Qualitätsentwicklung ebenso wie der Evaluation um eine Verbesserung, doch liegt bei der Evaluation der Schwerpunkt auf der Bewertung, und zwar nicht unbedingt einer ganzen Dienstleistung oder eines gesamten Programms, sondern der Bewertung mit Blick auf einen bestimmten Ausschnitt des Programms. Abgrenzungen können auch gegenüber dem Controlling vorgenommen werden: Gemeinsam ist beiden, dass hier Daten und Fakten zusammengetragen werden. Beim Controlling werden diese umfassend erhoben und dienen der (meist betriebswirtschaftlichen) Steuerung und Information der Organisation, bei der Evaluation ist demgegenüber von Anfang an eine hohe Einbeziehung der Betroffenen und Beteiligten angedacht und es werden Daten nur in Bezug auf den klar benannten Evaluationszweck erhoben und auch nur dafür genutzt. Als allgemeine Definition von Evaluation wird die der Deutschen Gesellschaft für Evaluation (2002, 13) wiedergegeben:

„Evaluation ist die systematische Untersuchung des Nutzens oder Wertes eines Gegenstandes. Solche Evaluationsgegenstände können z.B. Programme, Projekte, Produkte, Maßnahmen, Leistungen, Organisationen, Politik, Technologien oder Forschung sein. Die erzielten Ergebnisse, Schlussfolgerungen oder Empfehlungen müssen nachvollziehbar auf empirisch gewonnenen qualitativen und/oder quantitativen Daten beruhen."

Bei einer Evaluation geht es um eine auf Daten beruhende Beschreibung und Bewertung. In der Sozialen Arbeit in aller Regel bei der Programmevaluation um die Bewertung und Beschreibung von Maßnahmen, Veranstaltungen und Programmen. Was die Daten angeht, so wird man schnell zu der Einschätzung kommen, dass in der Sozialwissenschaft andere Grundsätze der Messbarkeit herrschen als in den Naturwissenschaften. Zum einen können in der sozialwissenschaftlichen Forschung wie beschrieben kaum deterministische Aussagen getroffen werden, die eindeutige Ursache-Wirkungs-Beziehungen darstellen, etwa dass Kinder aus einer Familie mit Alkoholproblemen automatisch zu Alkoholikern werden. Hier können höchstens Wahrscheinlichkeitsaussagen getroffen werden. Zum anderen stellen Daten und deren Messungen immer nur eine Annäherung an den Untersuchungsgegenstand dar (das ist in den Naturwissenschaften im Übrigen nicht viel anders!). Insofern sind Daten immer eine Reduzierung und damit eine Verkürzung von Realität. In diesem Sinne kann Verstehen als unendliche Aufgabenstellung gesehen und verstanden werden. Einen Überblick über die unterschiedlichen Formen von Evaluation zeigt die nebenstehende Abbildung 2.

Diese Übersicht ermöglicht eine erste Orientierung über Evaluation. Zunächst ist bei der Ausrichtung der Evaluation zwischen einer formativen (die ein Programm „formt") und der summativen Evaluation (die ein Programm „bilanziert") zu unterscheiden. In Bezug auf zwischen die Durchführenden der Evaluation (die Evaluierenden) und dem Evaluationsgegenstand kann ferner unterschieden werden zwischen einer Evaluation durch fachfremde Personen (Fremdevaluation), durch die Akteure selbst (Selbstevaluation) oder durch wechselseitige Evaluation auf gleicher Ebene (Peerevaluation), wenn beispielsweise zwei Einrichtungen der Jugendhilfe sich gegenseitig evaluieren. Die Bezeich-

Begriff	Ausrichtung der Evalutation	Bezug zum Gegenstand	Verhältnis zur Programmverantwortung
Formative Evaluation	Begleitung zur Optimierung		
Summative Evaluation	Bilanzierende Folgerung		
Fremdevaluation		Evaluierende „fachfremd"	
Peerevaluation		Evaluierende „auf gleicher Ebene"	
Selbstevaluation		Akteure bewerten eigenen Tätigkeitsbereich	
Interne Evaluation			Mitglieder der programmverantwortlichen Organisation
Externe Evaluation			Von außerhalb der programmverantwortlichen Organisation

Abbildung 2: Formen der Evaluation

nungen interne und externe Evaluation beziehen sich auf den Bezug zu der programmverantwortlichen Organisation: Wird eine Evaluation innerhalb der programmverantwortlichen Organisation durchgeführt (z.B. durch eigene Evaluierende) oder solchen aus einem anderen Fachbereich der gleichen Organisation (Mitarbeiter des Beratungsdienstes evaluiert Kindertagesstätte), ist dies eine interne Evaluation, kommen die Evaluierenden aus einer anderen Organisation, so spricht man von einer externen Evaluation. Eine Kombination von Selbstevaluation und

externer Evaluation ist die Peerevaluation. Bei der Peerevaluation evaluieren sich vergleichbare Organisationen bzw. Organisationseinheiten
auf gleichrangiger Ebene: Zwei Altenhilfeeinrichtungen evaluieren sich
gegenseitig. In der Regel nutzen beide Organisationen Formen der
Selbstevaluation und der externen Evaluation gleichermaßen, indem
sie beispielsweise Teilerhebungen selbst durchführen, andere Teile
von der jeweils anderen Organisation durchführen lassen. Neben
geringeren Kosten gegenüber einer externen Evaluation ist bei einer
Peerevaluation auch die höhere Umsetzungsbereitschaft als Vorteil
zu nennen, denn beide Organisationen „kommen vom Fach".
Weitere Formen der Evaluation sind in Abgrenzung zur Programmevaluation (Bewertung von Programmen), die Politikevaluation (Bewertung
verschiedener Politiken) und die Personalevaluation (Bewertung und
Beurteilung von Personen). Öfter genutzt in der Sozialen Arbeit wird
der Begriff der Prozessevaluation. Bei dieser Form der Evaluation wird
der Prozess eines Programms in den Fokus genommen: Stärken,
Schwächen, das innere Zusammenspiel und die Organisation werden
gezielt analysiert und bewertet.

3.1.1 Verfahren der Evaluation

Damit die Standards einer Evaluation (Nützlichkeit, Genauigkeit,
Durchführbarkeit und Fairness) in der Umsetzung einer Evaluation
Berücksichtigung finden, müssen sie im gesamten Verfahren
Berücksichtigung finden. Bereits zu Beginn einer Evaluation sollten
daher Betroffene und Beteiligte einbezogen werden, sie sollten
schließlich auch die Ergebnisse der Evaluation erhalten. Im Bereich
der Sozialen Arbeit wird meist eine Programmevaluation durchgeführt:
Veranstaltungen, Projekte und Organisationen werden damit einer
Bewertung unterzogen. Den Zusammenhang zwischen dem Zielsystem
des Programms und der Evaluation haben Beywl u.a. (2007, 6 ff.)
so dargestellt, dass die Evaluation das Zielsystem des Programms
unter die Lupe nimmt und daraus den Evaluationszweck entwickelt.
Mit dieser Begriffsfestlegung ist eine klare Sprachregelung verbunden,
die manche Verwirrung beendet. Eine Ausbildungsveranstaltung für
ehrenamtliche Jugendgruppenleiter hat beispielsweise drei Ziele:
Persönlichkeitsbildung, Methodenkompetenz, Gruppenpädagogische

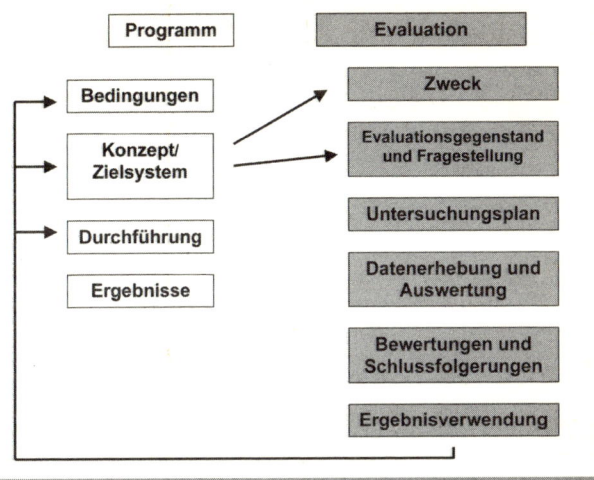

Abbildung 3: Zusammenhang zwischen Programm und Evaluation (vgl. Beywl u.a. 2007, 6)

Kompetenz. Im Bereich der Methodenkompetenz lauten die einzelnen Teilziele: Präsentationstechniken beherrschen, Spiele situationsgerecht einsetzen, Konfliktmanagement zielgerecht anwenden. Eine Evaluation setzt an diesen Zielen an und betrachtet (meist) einen Teilausschnitt dieser Ziele, z.B. könnte ein Evaluationszweck sein, zu bewerten, ob und wie es der Ausbildungsveranstaltung gelingt, dass die Teilnehmenden Bereiche des Konfliktmanagements zielgerichtet nutzen.

Zu Beginn der Evaluation steht der aus dem Zielsystem des Programms entwickelte Zweck, aus dem sich der Evaluationsgegenstand und die Fragestellungen dieser Forschung entwickeln.

An einem weiteren Beispiel sei der Ablauf einer Evaluation erläutert: Bei einer Evaluation eines Angebotes der offenen Jugendarbeit hat dieses Angebot z.B. das Ziel der Einübung sozialen Verhaltens zwischen Jugendlichen verschiedener kultureller Herkunft durch Spiel- und Sportangebote. Die Veranstalter wollen in einer Selbstevaluation herausfinden, wie dieses Angebot von Mädchen türkischer Herkunft angenommen wird, um dieses Angebot zu verbessern. Der Evaluationszweck ist demnach die Verbesserung des Angebotes, die Evaluation ist eine formative Evaluation. Wollte man das Angebot abschließend bilanzieren, würde es sich um eine summative Evaluation handeln. Erst wenn der Evaluationsgegenstand, d.h. das genannte Angebot klar beschrieben und die Fragestellung entwickelt ist: „Wie sehen Mädchen türkischer Herkunft das Angebot?", können die nächsten Schritte der Evaluation erfolgen: In einem Untersuchungsplan wird überlegt, wie diese Forschungsfrage erhoben werden kann. Durch eine Beobachtung während des Angebotes, durch eine mündliche Befragung der teilnehmenden Mädchen oder durch eine schriftliche Befragung von Mädchen aus dem Stadtteil über ihre Beweggründe, an dem Angebot teilzunehmen oder nicht, oder aber durch eine Expertenbefragung von Fachleuten im Stadtteil? Die Evaluierenden sollten sich bei der Wahl der Datenerhebungsinstrumente weniger von Methodenvorlieben leiten lassen, als vielmehr zu überlegen, mit welcher Methode die Fragestellung am besten umgesetzt werden kann. Dazu sind folgende Orientierungsfragen hilfreich:

- Wie wird die Zielgruppe am besten erreicht?
- Welche Personen sollen in die Untersuchung einbezogen werden?
- Können Widerstände gegen eine Evaluation überwunden oder produktiv für die Evaluation genutzt werden?
- Welche Mittel kommen der Fragestellung am nächsten?
- Wie kann die Fragestellung am genauesten abgebildet werden?

Bei der Evaluation der Sprachförderung in der Kindertagesstätte wird eine Beobachtung dieser Zielgruppe am nächsten kommen, eine standardisierte schriftliche Befragung würde sich in diesem Fall ebenso wenig anbieten wie eine Analyse von schriftlichen Dokumenten. Vielleicht wäre es hilfreich, die Eltern und Erzieher mit einzubeziehen, eine persönliche Ansprache der Eltern durch die Erzieher würde einige Hemmschwellen beseitigen usw.

Ist eine Entscheidung für ein Erhebungswerkzeug gefallen, sollte dieses einem Pretest unterzogen werden. Ausgewählte Personen sollten das Instrumentarium testen, bevor ein Instrument eingesetzt wird: Sind die Fragen im Fragebogen verständlich, verstehen bei der Beobachtung alle Beobachtende das Gleiche unter „sozialem Verhalten", wie verhalten sich die Evaluierenden während der Datenerhebung? Wenn diese Vorbereitungen getroffen sind, kann die eigentliche Evaluation starten.

Nach der Erhebung der Daten kommt ein weiterer aufwändiger Arbeitsschritt: Die Daten müssen dokumentiert, aufgearbeitet und ausgewertet werden. Gleich, ob es sich um quantitative Forschung handelt, bei der der Schwerpunkt auf dem Auszählen und der Statistik liegen wird, oder bei qualitativen Methoden, bei der es um das Kodieren von Antworten, um eine Kategorien- und Typenbildung geht: Die Auswertung ist harte Arbeit und erst danach kann sich der Forschergeist der Interpretation, der Bewertung, der Schlussfolgerung widmen. Soll die Evaluation nicht nur Bedeutung für den Forschenden haben, so müssen die Ergebnisse wieder zurück in das Programm fließen und zur Verbesserung des Programms beitragen. Dieses geschieht in der Regel nicht automatisch, sondern bedarf vorheriger strategischer Überlegungen.

Zusammengefasst bestehen Verfahren der Evaluation meist aus den folgenden Schritten:

- Gegenstand der Evaluation benennen
- Betroffene und Beteiligte einbeziehen
- Zweck der Evaluation festlegen
- Forschungsfragen konkretisieren
- Untersuchungsplan entwerfen
- Untersuchungsmethoden testen („Pretest")
- Durchführung der Untersuchung
- Daten bereinigen, bündeln, auswerten
- Ergebnisse bewerten und Folgerungen ziehen
- Strategien zur Verbesserung entwickeln
- Veränderungen umsetzen

3.1.2 STANDARDS

Eine gute Orientierung für die Evaluation bieten die ausführlichen Standards der Deutschen Gesellschaft für Evaluation (2002), die aus amerikanischen Vorbildern abgeleitet sind und auch praktische Hinweise zur Evaluation enthalten. Die vier Gruppen der insgesamt 25 Standards sind wie folgt benannt:

- Nützlichkeit: „Die Nützlichkeitsstandards sollen sicherstellen, dass die Evaluation sich an den geklärten Evaluationszwecken sowie am Informationsbedarf der vorgesehenen Nutzer und Nutzerinnen ausrichtet." (a.a.O., 8)
- Durchführbarkeit: „Die Durchführbarkeitsstandards sollen sicherstellen, dass eine Evaluation realistisch, gut durchdacht, diplomatisch und kostenbewusst geplant und ausgeführt wird." (a.a.O., 9)
- Fairness: „Die Fairnessstandards sollen sicherstellen, dass in einer Evaluation respektvoll und fair mit den betroffenen Personen und Gruppen umgegangen wird." (a.a.O.)
- Genauigkeit: „Die Genauigkeitsstandards sollen sicherstellen, dass eine Evaluation gültige Informationen und Ergebnisse zu dem jeweiligen Evaluationsgegenstand und den Evaluationsfragestellungen hervorbringt und vermittelt." (a.a.O., 10)

Die Standards verhindern, dass Evaluation inflationär betrieben wird und jede Form der Bewertung als Evaluation benannt wird. Gerade die Orientierung an Betroffenen und Beteiligten, die bereits beim Zweck der Evaluation eine Rolle spielt, macht die Evaluation zu einem partizipativen Verfahren, das Veränderungen in lernenden Organisationen zielorientiert ermöglicht.

3.1.3 Selbstevaluation

Ein spezifisches Instrument der Evaluation in der Sozialen Arbeit ist die Selbstevaluation, sie kann mit König (2007, 41) definiert werden als: „die Beschreibung und Bewertung von Ausschnitten des eigenen alltäglichen beruflichen Handelns und seiner Auswirkungen nach (selbst) bestimmten Kriterien". Sie sollte ebenfalls nach den o.g. Standards erfolgen. Eine unsystematische und nicht datenbasierte Forschung durch Akteure selbst soll an dieser Stelle *nicht* als Selbstevaluation bezeichnet werden.

Hilfreich zum Verständnis der Selbstevaluation sind die Gegensatzpaare, die König benennt und die die Praxisorientierung von Selbstevaluation darstellen (vgl. König 2007, 50 f.).

- Arbeitsfeldorientierung statt Grundlagenorientierung
- Lebensweltorientierung statt experimentelle Orientierung
- Subjektorientierung statt Verallgemeinerungsorientierung

- Prozessorientierung statt Output-Orientierung
- Selbstorganisation statt Expertendominanz

Zwecke der Selbstevaluation können die folgenden sein:

- Kontrolle
- Aufklärung
- Qualifizierung
- Innovation
- Legitimierung

Diese Zwecke können auf mehreren Ebenen eine Bedeutung erlangen: für die Adressaten Sozialer Arbeit, für die Organisation, für die Profession sowie für die Sozialpolitik (vgl. König 2007, 55).

In diesem Sinne lässt sich eine wissenschaftlich fundierte Selbstevaluation als Möglichkeit der Professionalisierung Sozialer Arbeit nicht nur benennen, sondern auch weiterentwickeln.

In ähnlicher Weise wie oben allgemein für die Evaluation dargestellt benennt König (vgl. 2007, 63 ff.) zehn Schritte der Selbstevaluation, die mit einer jeweiligen W-Frage beschrieben und verdeutlicht werden:

1. Zwecke festlegen: Warum will ich evaluieren?
2. Bedingungen klären: Unter welchen Bedingungen kann ich evaluieren?
3. Gegenstand bestimmen: Was will ich evaluieren?
4. Operationalisieren: Was genau will ich evaluieren?
5. Kriterien entwickeln: Vor welchem Hintergrund will ich evaluieren?
6. Informationsquellen auswählen: Wen will ich evaluieren? (Quellen)
7. Methoden entwickeln: Wie will ich evaluieren?
8. Daten erheben, auswerten: Wie kann ich evaluieren?
9. Qualität beurteilen: Wie gut kann ich evaluieren?
10. Ergebnisse verwerten: Wozu will ich die Ergebnisse nutzen?

Selbstevaluation hat gegenüber einer Fremdevaluation den entscheidenden Vorteil, dass sie von den Personen, die etwas vom Fach verstehen, zeitnah durchgeführt werden kann und sowohl zur Professionalisierung beitragen als auch ihre Wirkung über Einzelfälle hinaus entfalten kann.

Eine Selbstevaluation, die systematisch erfolgt und ihre Fragstellungen verschriftlicht, kann dazu beitragen, dass Erfolge von Sozialer Arbeit benannt, beschrieben und bewertet und Verbesserungen aufgrund objektivierter Daten vorgenommen werden können.

3.2 Forschung mit der Praxis: Handlungsforschung

3.2.1 Hintergrund

Die Kluft zwischen Theorie und Praxis zu überspringen, war der ursprüngliche Ansatz der „action research" von Kurt Lewin. Und gerade er war es, dem daran gelegen war, dass Soziale Arbeit sich der Forschung bedient, wie das nachfolgende Zitat verdeutlicht:„Lewin fand in der Sozialarbeit Tätige ziemlich unerträglich, die in einer Diskussion auf Gemeindeebene ihre Aktivitäten ausschließlich mit ihrer persönlichen Einschätzung dessen, was sie erreicht hatten, begründeten, ohne ein Bedürfnis nach objektiven Kriterien zu entwickeln" (Hart/Bond 2001, 27). Seine Ausrichtung war vielmehr der Anspruch, mittels seiner „action research" aus der Praxis heraus soziale Wirklichkeit zu verändern: „Die für die soziale Praxis erforderliche Forschung lässt sich am besten als eine Forschung im Dienste sozialer Unternehmungen oder sozialer Technik kennzeichnen, sie ist eine Art Tat-Forschung („action research"), eine vergleichende Erforschung der Bedingungen und Wirkungen verschiedener Formen des sozialen Handelns und eine zu sozialem Handeln führende Forschung. Eine Forschung, die nichts anderes als Bücher hervorbringt, genügt nicht" (Lewin 1953, 280). Hintergrund der Handlungsforschung war zum einen die Entwicklung aus der Beratung von Industrieunternehmen durch Lewin (u.a. Steigerung der Leistung durch Gruppenarbeit), zum anderen auch dessen kritische Haltung gegenüber Massenbefragungen und deren Unmöglichkeit, Einstellungen oder Verhalten zu ändern (vgl. Lück 2001, 113 f.).

Wie bei vielen Begriffen, die aus der englischen Sprache in die deutsche übersetzt wurden, gehen ursprüngliche Inhalte und Absichten durch die Übersetzung verloren. „Action research" wurde und wird als Aktionsforschung, Tat-Forschung (s.o.) oder Handlungsforschung übersetzt. Handlung kommt dem „action"- Begriff im Englischen am nächsten, während „Aktion" eher in eine falsche Richtung leitet, geht es doch gerade nicht um einmalige Handlungen oder einen Aktionismus. Im Deutschen hat Aktion zwar auch die Bedeutung als „gemeinschaftliches Handeln" oder Tätigkeit, wird aber eher unter „einmaliger Handlung" oder in Richtung eines „Aktionismus" negativ konnotiert. In der englischen Sprache ist eher die Zweckorientierung der „action" bedeutsam. Wenn im jeweiligen Originaltext nichts anderes wiedergegeben wird, soll der Bezeichnung Handlungsforschung aus diesem Grund der Vorzug gegeben werden.

Mesec definiert Handlungsforschung wie folgt: „It is a form of research whose results are instructing the immediate practice within a specific context (in situ) and are simultaneously included in the body of theoretical knowledge of the profession as generalisable and/or transferable knowledge" (Mesec 2006, 192). Die Elemente dieser Forschungsweise sind also die folgenden:

• die Ergebnisse werden unmittelbar in die Praxis einbezogen
• die Forschung findet in einem bestimmten Kontext statt
• die Forschung ist mit theoretischem professionellen Wissen verbunden
• sie generiert verallgemeinerbares oder übertragbares Wissen

Kurt Lewin als Begründer dieser Forschungsrichtung arbeitete mit Gruppen, für ihn waren in seiner Feldtheorie der Lebensraum und die in ihm wirkenden Kräfte wichtige Größen. Kennzeichnend in seiner Theorie ist, dass Gruppen als dynamisches Ganzes funktionieren, Forschungsergebnisse zurückgemeldet wurden („feedback") und die erforschten Gruppen an der Erforschung beteiligt wurden („participation"). Mesec: „The whole process was viewed as learning, whereby new beliefs and habits have to be acquired through the process of the ‚unfreezing-changing-refreezing' of group norms of believing and behaving" (2006, 193). Bei der Handlungsforschung ist quasi deren Umsetzung bereits Teil des Konzeptes.

3.2.2 VERLAUF

Lewin hat die Handlungsforschung erst am Ende seines Schaffens entwickelt und die Methodik der Handlungsforschung nicht systematisch und theoretisch aufgearbeitet (vgl. Kriz u.a. 1990, 219). Vielleicht erklärt dies zum einen die teils widersprüchlichen Aussagen zur Handlungsforschung, die ganz unterschiedliche Rezeption und die teilweise unausgefeilte Methodik. Von Lewin stammt eine Einteilung in Phasen, deren Beginn die Idee eines wünschenswerten Zieles darstellt:

1. Sammeln von Fakten, Entwurf eines Generalplanes, Entscheidung über den ersten praktischen Schritt
2. Ausführung des ersten Schrittes
3. Aufklärung oder Tatsachenfindung (Bewertung der Handlung, Sammeln von neuen Einsichten, Grundlage für die weitere Planung und die Abänderung des Generalplanes)
4. Die weiteren Schritte bestehen aus Planung, Ausführung und Aufklärung oder Tatsachenfindung (vgl. a.a.O., 217 f.)

Nach dem ersten Schritt werden im Untersuchungsfeld in der Ausführung neue Erkenntnisse gewonnen, die die weitere Planung der Forschung bestimmen. Anders als bei der quantitativen Forschung steht hier zu Beginn der Forschung noch nicht die Methodik bis zum Ende der Forschung fest, sondern eine solche wird im Verlauf der Handlungsforschung erst entwickelt.

In der Zeit nach Lewin, in den 60er und 70er Jahren des 20. Jahrhunderts, war die Handlungsforschung vor allem mit Training und Beratung zur Lösung gesellschaftlicher Probleme, der Aktivierung in Sachen Emanzipation, Menschenrechte und Politik sowie ihrer wissenschaftstheoretischen Fundierung verbunden.

In den 70er Jahren wurde der Handlungsforschung in vielen gesellschaftlichen Bereichen eine hohe Bedeutung zugemessen. Zum einen versprach sie eine Abkehr von einer empirischen Sozialforschung, die allzu steril mit nackten Zahlen versuchte unwesentliche Dinge über die Köpfe der Beteiligten hinweg zu erforschen. Zum anderen wurde sie durchaus auch als gesellschaftspolitisches Instrument verstanden bis hin zur Überwindung des Kapitalismus: „Die *gesellschaftspolitischen Ziele* bei der Entwicklung von Aktionsforschungsstrategien lassen sich auf konkrete Erfahrung von

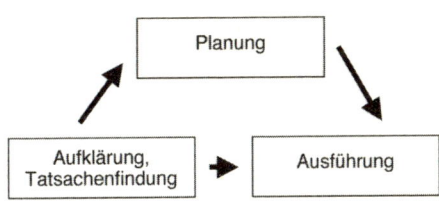

Ergebnisse der Forschung fließen unmittelbar in die Praxis ein und dienen als Grundlage für die nächsten Schritte

Abbildung 4: Handlungsforschung: Verlauf

Abhängigkeitsverhältnissen und die Auseinandersetzung mit Widersprüchen der spätkapitalistischen Gesellschaft festlegen" (Haag u.a. 1975, 7). Eine große Resonanz erfolgte in Deutschland, als die Stiftung Volkswagenwerk durch den Fachbereich Sozialpädagogik der Pädagogischen Hochschule Berlin die Handlungsforschung im Bereich der Jugend- und Erwachsenenbildung untersuchen ließ (Gemeinwesenprojekt Märkisches Viertel, vgl. Kriz u.a. 1990, 219 ff.).

Auch wurde in dieser Zeit die Bedeutung der Handlungsforschung für die Sozialpädagogik diskutiert (vgl. Fachbereich Sozialpädagogik 1975, 56-75). Hingewiesen wird auf die Grenzen der standardisierten und objektivierenden Forschungstechniken: „Es soll jedoch gleichzeitig angemerkt werden, dass das immer weiter verfeinerte Instrumentarium dieser Techniken nicht ausreicht, um den Zusammenhang zwischen Meinungen und Verhaltensweisen zu erhellen, um von der Momentaufnahme einer synthetisch hergestellten Bevölkerungsstichprobe auf die Qualitäten des Handelns von Menschen in ihren gesellschaftlichen Bezügen zu schließen, und um diesen Menschen zu helfen, die gesellschaftliche Umwelt, in der sie leben, zu verbessern und das heißt: zu verändern" (Fachbereich Sozialpädagogik 1975, 57). Und weiter heißt es dort: „Formal gesprochen erkauften die Sozialforscher die zweifellos hohe statistische Zuverlässigkeit von Laborexperimenten

(Reliabilität) mit einer immer geringeren Gültigkeit der Ergebnisse (Validität) im Hinblick auf normale soziale Situationen. Labor-Experimente, so kann man vereinfachend sagen, messen immer genauer und immer zuverlässiger etwas, was zu messen sich nicht lohnt" (a.a.O., 61). Als besondere Merkmale der Handlungsforschung werden die folgenden genannt: „Die Forscher treten erstens nicht punktuell in eine Situation ein, um Meinungen zu erfragen, sondern sie nehmen über einen längeren Zeitraum begleitend an einem sozialen Prozess teil und helfen, ihn voranzutreiben; sie arbeiten zweitens nicht mit sozial isolierten Individuen, sondern mit Gruppen in deren gesellschaftlichen Bezügen, und sie informieren drittens diese Gruppen nicht nur über Ziel und Zweck der Untersuchungen, sondern beteiligen sie auswertend an der Einschätzung der Forschungsergebnisse" (a.a.O., 65).

Auf Veränderung hin orientiert ist die Definition von Aktionsforschung von Pieper (1975, 100f.): „Auf eine kurze Formel gebracht, bezeichnet Aktionsforschung eine Forschungsstrategie, durch die ein Forscher oder ein Forschungsteam in einem sozialen Beziehungsgefüge in Kooperation mit den betroffenen Personen aufgrund einer ersten Analyse Veränderungsprozesse in Gang setzt, beschreibt, kontrolliert und auf ihre Effektivität hin zur Lösung eines bestimmten Problems beurteilt. Produkt des Forschungsprozesses ist eine konkrete Veränderung in einem sozialen Beziehungsgefüge, die eine möglichst optimale Lösung des Problems für alle Betroffenen bedeutet". In den USA wurden mit Hilfe der Handlungsforschung Projekte zur kommunalen Entwicklung vorangetrieben, es ging darum, soziale Probleme mit neuen Verfahren anzugehen (vgl. Hart/Bond 2001, 38 f.).

Vereinfacht und systematisiert kann Handlungsforschung verstanden werden als das gleichrangige Zusammenwirken von Praktikern, Betroffenen und Forschern mit dem Ziel der Veränderung, wie dies in dem oben stehenden Schema deutlich wird. Dabei bringen alle drei Beteiligten ihre jeweilige Kompetenz als professionelles Wissen, Betroffenheit oder Theorie zielbezogen ein.

An dieser Stelle wird schon deutlich, dass Handlungsforschung davon lebt, dass sie Erfolge zeigt, die ihrerseits wieder die Motivation zur Beteiligung am Forschungsprozess fördern. Anders als bei anderen Forschungsmethoden werden bei der Handlungsforschung

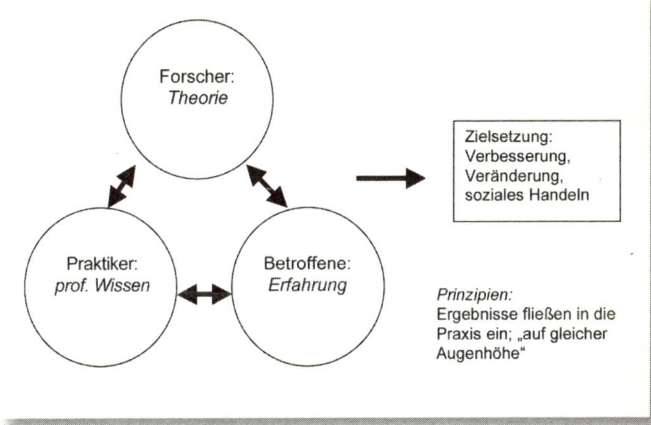

Abbildung 5: Beteiligte an der Handlungsforschung

nicht langwierige Datenerhebungen durchgeführt, die Monate oder Jahre später über die Fachöffentlichkeit zurück an die Betroffenen fließen, sondern die aufbereiteten Ergebnisse fließen direkt an die Betroffenen und Beteiligten und dienen damit bereits der Veränderung der Wirklichkeit.

3.2.3 HANDLUNGSFORSCHUNG HEUTE

Etwas anders sieht die heutige Nutzung der Handlungsforschung aus: „Die Anwender der Aktionsforschung sind heute nicht mehr darauf aus, universelle Gesetze menschlichen Verhaltens zu finden, das gemessen und durch die gesellschaftliche Veränderungen technisch herbeigeführt werden kann. [...] Das Schwergewicht liegt heute mehr auf der Sensibilisierung der Wahrnehmung, der Befähigung und dem Aufzeigen von Wegen für die Zusammenarbeit von Wissenschaftlern und Fachleuten aus der Praxis, Anwender der Aktionsforschung aus eigenem Recht zu sein" (Hart/Bond 2001, 32). „Wie in der Pflege wird Aktionsforschung in Bildung und Ausbildung als ein Mittel verstanden, um die sogenannte ‚Theorie-Praxis-Kluft' zu überbrücken" (a.a.O., 42). „Die wichtigsten Vorteile der Aktionsforschung für Pflegeforscherinnen sind anscheinend die Möglichkeit, mit Menschen in einer Art und Weise zusammenzuarbeiten, die nicht hierarchisch und nicht ausbeuterisch ist, die Tatsache, dass Aktionsforschung eingesetzt werden kann, um Veränderungen zu realisieren, und schließlich der Umstand, dass sie die Lücke zwischen Theorie und Praxis schließt" (a.a.O., 45). „Indem die Aktionsforschung die Sozial- wie die Naturwissenschaften einbezieht und sie auf eine Reihe von unterschiedlichen Problemsituationen anwendet, besitzt sie eine gemischte Abkunft, was in der Vielfalt von Vorgehensweisen in Erscheinung tritt, die sie ausgebildet hat" (a.a.O., 46). Aktionsforschung hat vor allem drei bestimmende Eigenschaften:

- Einmischung
- Kontextspezifität
- Generalisierung der Ergebnisse ist eher theoretisch als statisch (vgl. a.a.O., 47)

Einige wesentliche Merkmale der Aktionsforschung stellen Hart und Bond (2001, 48 ff.) vor, demnach ist sie:

- erzieherisch (Bildung)
- „beschäftigt sich mit Personen als Mitglieder sozialer Gruppen" (Einzelne in Gruppen)
- „ist problemorientiert, kontextspezifisch und auf die Zukunft ausgerichtet" (Problemfokus)
- „beinhaltet eine auf Veränderungen gerichtete Intervention" (auf Veränderung zielende Intervention)
- „zielt auf Verbesserungen und Engagement" (Optimierung und Engagement)
- „beinhaltet einen kreisförmigen Prozess, in dem Forschung, Interaktion und Evaluation miteinander verknüpft sind" (Kreisprozess)
- „gründet auf einer Forschungsbeziehung, in der die Betroffenen gleichzeitig Teilnehmer des Veränderungsprozesses sind" (Beziehungen in der Forschung, Grad der Zusammenarbeit)

Diese Merkmale sind bei allen Formen der Handlungsforschung vorhanden und unterscheiden sich in ihrer Ausprägung danach, ob Handlungsforschung nach dem Konsensmodell der Gesellschaft/ Rationales Sozialmanagement oder aber nach dem Konfliktmodell der Gesellschaft/Strukturelle Veränderungen stattfindet. Hart und Bond unterscheiden die Typen der Aktionsforschung zwischen den beiden Polen Konsens- und Konfliktmodell in folgende:

- experimentell (Anfänge der Aktionsforschung, wissenschaftliches Vorgehen bei sozialen Problemen)
- auf Organisationen bezogen (Problemlösungen in Organisationen, Überwindung des Widerstandes gegen Wandel)
- auf eine Professionalisierung bezogen (Perspektiven neuer akademischer Berufe, z.B. Pflege, Sozialarbeit, Erziehung)
- befähigend (Gemeindearbeit, gegen Unterdrückung von Randgruppen)

Folglich lässt sich z.b. das Merkmal Bildung im experimentellen Typus als Umerziehung, auf Organisationen bezogen als Umerziehung/Training, auf eine Professionalisierung bezogen als reflexive Praxis und im befähigenden Typus als Schärfung des Bewusstseins beschreiben.

In einem Fallbeispiel beschreiben Hart und Bond, wie in einem Aktionsforschungsprojekt aus Krankenschwestern Stationsmanagerinnen entwickelt werden sollten: „Wir verstanden uns nicht als externe Expertinnen, sondern als Mediatorinnen, die mit dieser Gruppe von Schwestern im gemeinsamen Interesse partnerschaftlich zusammenarbeiten wollten" (2001, 110). „Wir konnten eine Reisebegleitung sein und sie ermutigen, ihre Kenntnisse und Erfahrungen zu vereinigen und kritisch und kreativ über ihre Situation sowie die Vorschläge für die Veränderungen nachzudenken" (a.a.O., 114).

Zur Selbsteinschätzung bei Aktionsforschungsprojekten legen Hart und Bond einen umfangreichen Fragebogen vor, der hier stichwortartig dargestellt werden soll (a.a.O., 184 ff.):

Fragebogen zur Selbsteinschätzung bei Handlungsforschungsprojekten

1. Ziel des Projektes
2. Warum gerade jetzt etwas unternehmen?
3. Warum das Projekt jetzt starten?
4. Gibt es ein Problem? Wer äußert den Wunsch?
5. Verschiedene Blickwinkel des Problems, Position der Beteiligten
6. Welcher Blickwinkel ist für jede Interessengruppe typisch?
7. Auflistung der Beteiligten nach Bedeutung
8. Art des Einflusses der Beteiligten (Verfügungsgewalt, Macht)

9. Eigenes Verhältnis zu den Beteiligten, Möglichkeiten des Einflusses
10. Problem aus der eigenen Sicht?
11. Was sind die Ursachen des Problems, was ist der Kern?
12. Sicht der übrigen Beteiligten auf die Ursachen des Problems und den Kern des Problems
13. Auflistung der verschiedenen Ansichten über das Problem
14. Wie kann man Fakten über das Problem herausfinden?
15. Welche Belege für die Existenz des Problems sind verfügbar?
16. Wie kann man zu quantitativen und qualitativen Belegen kommen?
17. Welche Informationsquellen können als Hilfe zur Verfügung stehen?
18. Welches Fachwissen wird wo benötigt?

Grundlagen der Handlungsforschung sind in die Methodik der Organisationsentwicklung bis hin in die Unternehmensberatung eingeflossen. Dies mag zunächst verwundern, hängt aber auch mit der Person des Psychologen Kurt Lewin zusammen, der Anfragen aus der Industrie hatte, wenn es darum ging, neue Mitarbeiter in einen Betrieb einzugliedern oder wenn Manager mit der Umsetzung ihrer neuen Ideen nicht weiterkamen (vgl. Marrow 2002, 221 ff.). In diesen Bereichen wurde zunehmend erkannt, dass Organisationen nicht linear funktionieren, sondern selbstreferentielle Systeme sind, die nach eigenen Sinnstrukturen arbeiten. Daher hilft bei einer Beratung nicht der „gute Rat" an sich, sondern Veränderungsnotwendigkeiten müssen von einem System gesehen werden und Veränderungsmöglichkeiten zumindest vermittelt Sinn ergeben. Daher gilt es in der Organisationsentwicklung ebenfalls, Betroffene zu Beteiligten zu machen und Organisationen durch überschaubare, wirksame und konkrete Projekte weiterzuentwickeln.

3.2.4 Praxisforschung

Praxisforschung versteht sich als Weiterentwicklung der Handlungsforschung. Intensiv mit einer Grundlegung von Praxisforschung beschäftigt sich Moser (vgl. 1995), der versucht diese wissenschaftlich zu begründen. Die „Aktionsforschung" im ursprünglichen Sinne sei an verschiedenen Stellen nicht weitergekommen. Praxisforschung greife zugleich enger wie weiter: „– weiter, weil Forschung unter Praxisaspekten nicht mehr allein im Rahmen direkter Zusammenarbeit mit Praktikern betrachtet wird; – enger, weil vieles von den hochfliegenden emanzipatorischen Zielsetzungen der damaligen Aktionsforschung sich nicht hatte realisieren lassen – und in der Folge wenig von den überhöhten politischen Ansprüchen an ein wissenschaftliches Forschungsprogramm übriggeblieben ist" (a.a.O., 8). „Die Aktionsforschung versprach als alternative Forschungskonzeption einen direkten Zugang zur Praxis und nicht zuletzt bezog sie bewusst den Verwertungszusammenhang von Wissenschaft ein, indem sie für eine politisch bewusste Forschung optierte, welche einem Interesse an der Veränderung ungerechtfertigter gesellschaftlicher Machtverhältnisse folgte" (a.a.O., 33). Praxis und Wissenschaft seien unterschiedliche Systeme, die in der Praxisforschung aufeinander zu beziehen seien. Praxisforschung definiert er als „wissenschaftliche Bemühungen, die an der Schnittstelle zwischen Wissenschafts- und Praxissystem angesiedelt sind und darauf abzielen, gegenseitige Anschlüsse zu finden und fruchtbar werden zu lassen" (a.a.O., 9).

Dieses sehr konstruktivistische an der Systemtheorie orientierte Modell beschreibt die beiden Systeme theoretisch. Gerade in der Praxis Sozialer Arbeit gibt es aber Überschneidungen, so dass Rolleninhaber beide Funktionen innehaben, mal die eine Funktion mehr als die andere und umgekehrt. Auch haben beide Systeme füreinander eine Funktion und können auf Dauer nicht ohne einander bestehen. Ebenfalls kann die Dualität von Praxis und Wissenschaft kritisiert werden. Dennoch zeigt die Unterscheidung von Moser grundlegende Problemstellungen auf, wenn Praxis und Wissenschaft zu weit voneinander entfernt sind und kaum Anschlussfähigkeit finden. Insofern bietet die entstehende Wissenschaft der Sozialen Arbeit (als Handlungswissenschaft, als action science oder wie auch immer) hier die Möglichkeit und Chance, direkt auf eine engere Verzahnung hinzuarbeiten. Vielleicht trägt auch die Systematik von Bachelor- und Masterstudiengängen und deren Übergänge, auch durch die entsprechenden Personen, zu einem verbesserten Verhältnis zwischen Praxis und der jeweiligen Wissenschaft bei.

Praxisforschung soll nach Moser (a.a.O., 88 f.) stärker wissenschaftlichen Ansprüchen Genüge tun, als dies bisher in Kontexten der Praxisreflexion möglich und üblich war. Dazu unterscheidet Moser Praxisuntersuchungen, Evaluationsforschung und eben Aktionsforschung mit jeweils steigendem Bezug zur Praxis. Als Problemfelder der Praxisforschung benennt Moser (a.a.O., 98) die folgenden:

> „– Praxisforschung definiert sich meist im Rahmen *qualitativer Forschung.*
> – Es ist notwendig, *Untersuchungsgegenstand* bzw. die zu untersuchende *Gruppe* genau zu definieren (Sampling).
> – Der Ablauf des Forschungsprozesses orientiert sich an *zyklischen Modellen.*
> – Praxisforschung ist über *Prozesshypothesen* in die Arbeit an wissenschaftlichen Fragestellungen involviert.
> – Es ist darzustellen, wie *Subjektivität und Objektivität* im Praxisforschungsprozess miteinander zu vermitteln sind.
> – Praxisforschung versucht Qualitätsstandards über eigenständige *Gütekriterien* zu formulieren."

Die Gütekriterien für die Praxisforschung sind laut Moser (a.a.O., 118):

• Transparenz
• Stimmigkeit
• Adäquatheit
• Intersubjektivität
• Anschlussfähigkeit

Maier (2007, 325) sieht gerade die Fachhochschulen als Orte einer von ihm als „integrierte Praxisforschung" bezeichneten Forschung: „Die Entwicklung einer Praxisforschung wurde verstärkt durch die Verlagerung der Ausbildung von Sozialarbeiterinnen/-arbeitern auf die Fachhochschulen und die damit gegebene Nähe zu den Ingenieurwissenschaften. So wird den Fachhochschulen in allen einschlägigen Landesgesetzen „anwendungsbezogene", „praxisnahe", „angewandte" Forschung und „Entwicklung" als Aufgabe zugewiesen". „Wichtig ist dabei, dass die Wissenschaft nicht versucht, eine bessere Praxis zu machen als Praktiker, sondern dass sie die Praxis mit den Erkenntnissen und Erkenntnismöglichkeiten der Wissenschaft konfrontiert und dass die Praxis sich ihrer eigenen Professionalität verpflichtet weiß und selbstbewusst in den Dialog mit der Wissenschaft geht" (a.a.O., 332).

3.2.5 HANDLUNGSWISSENSCHAFT

Schließlich kann auch der Ansatz der Sozialen Arbeit als Handlungswissenschaft, wie er vor allem von Staub-Bernasconi vertreten wird, als eine Form der Wissenschaft angesehen werden, die an der Handlungsforschung anknüpft. Soziale Arbeit als Gegenstand einer Handlungswissenschaft nimmt stärker deren Wirksamkeit in den Blick: „Eine Handlungswissenschaft beruht auf den ermittelten *Gesetzmäßigkeiten* biologischer, psychischer, sozialer wie kultureller Natur als Begründungsbasis, ist also immer interdisziplinär und, indem sie jeweils eine Makro- und Mikroebene ihres Gegenstandes miteinander verknüpft, auch transdisziplinär. Dazu kommen aber auch noch *Werturteile* in Bezug auf die beschriebenen wie erklärten Sachverhalte" (Staub-Bernasconi 2007, 27), und weiter: „Eine Handlungswissenschaft hat also über das kognitive Erkenntnisziel hinaus auch ein Veränderungsziel, das sie ethisch begründen muss. Und ihr Beurteilungsmaßstab ist *Wirksamkeit*, das heißt die Frage, inwiefern das gesetzte Ziel real erreicht wurde, wie wirksam die umgesetzten Handlungsleitlinien sind, welche (unerwarteten) problematischen, aber auch positiven Nebenwirkungen entstanden sind, und inwiefern deshalb eventuell die Beschreibung, Erklärung oder Bewertung der Ausgangssituation modifiziert werden muss" (a.a.O., 28).

Als gemeinsame Wissensbasis der Profession aus dem internationalen Kontext stellt Staub-Bernasconi folgende Bereiche dar (vgl. a.a.O., 29 f.):

- „Wissen über *soziale Probleme* von *verletzbaren Individuen* und Bevölkerungsgruppen [...]
- Wissen über die *Ursachen dieser Probleme* sowie ihre unterschiedlichen, komplexen *Auswirkungen auf Individuen, Familien, das lokale Gemeinwesen, das Sozialwesen und die Gesellschaft* [...]
- Wissen über ihre *Lebenssituation* und *Erfahrungen*, aber ebenso die *Bedeutungen*, die sie ihnen geben, sowie die Vorstellungen

und *Hoffnungen*, die sie in Bezug auf die *Veränderung* ihrer Situation haben [...]

- Wissen über die *professionellen Interventionen* in soziale Systeme (Familie, Gemeinwesen, Organisationen usw.); diese Interventionen beziehen sich zum einen auf den sozialen, ökonomischen, politischen, kulturellen Problemkontext, zum andern auf die persönlichen bzw. kulturellen Merkmale von Individuen, die darunter leiden [...]

- Wissen über die *Wirksamkeit* der von der Profession konzipierten Methoden der individuellen und sozialen Veränderung"

So sehr diese Einteilung einen breiten Horizont von Wissen und damit Forschungsgegenstände beleuchtet, so sehr ist sie jedoch problemorientiert gedacht; zu ergänzen wären Entwicklungs- und Empowermentziele der Profession.

Staub-Bernasconi unterscheidet schließlich verschiedene Forschungsbereiche, die zur Profession Sozialer Arbeit beitragen (vgl. 2007, 31 ff.), in den nachfolgenden Bereichen:

- Adressaten
- Gesetzmäßigkeiten
- Handlungs- und Veränderungswissen
- Ethik

3.3 FORSCHUNG FÜR DIE PRAXIS: GRUNDLAGENFORSCHUNG UND SOZIALBERICHTERSTATTUNG

Unterschieden wird zwischen einer Grundlagenforschung, die Grundsätzliches erforscht, und einer Anwendungs- oder Bedarfsforschung, die konkrete Fragen untersucht. Der „Untertitel" von Fachhochschulen als „University of Applied Sciences" weist diesen die Richtung ihrer Forschungsaktivitäten zu. Bei der Grundlagenforschung geht es um allgemeine Erkenntnisse, die nicht unmittelbar als Handlungsleitlinien für die praktische Arbeit gelten können oder gedacht sind, während sich Anwendungsforschung genau um solche bemüht.

3.3.1 GRUNDLAGENFORSCHUNG

Je nach Definition Sozialer Arbeit wird der Stellenwert der Grundlagenforschung verstanden: Wird Soziale Arbeit als interdisziplinäre Anwendung verstanden, wird die Grundlagenforschung den einzelnen Bezugswissenschaften (Psychologie, Soziologie, Erziehungswissenschaften, ...) zugeordnet. In diesen Bezugwissenschaften wird geforscht, es erfolgt aber keine Anwendung. In der Sozialen Arbeit wird das Wissen dieser Disziplinen angewendet. Wird Sozialer Arbeit eine eigene Professionalität zugesprochen, so bedarf sie gleichermaßen einer eigenen Forschung, beispielsweise einer Sozialarbeitsforschung. Eine solche Sozialarbeitsforschung ist dann an dem jeweiligen Kern Sozialer Arbeit (als Menschenrechtsprofession, als Hilfeprofession oder als lebensweltorientierte Profession) angesiedelt.

Schweikart und Steiner sehen für die Grundlagenforschung im Bereich Sozialer Arbeit vier verschiedene Kriterien (vgl. 2007, 280 ff.):

- Sozialarbeitsforschung als Untersuchung der Praxis als Praxis.
- Grundlagenforschung als Gegenpart zur Auftragsforschung: „Die wissenschaftliche Begleitung staatlicher Programme stellt oft schwerpunktmäßig eine Legitimationsforschung dar, mit deren Hilfe gezeigt werden soll, dass die öffentlichen Mittel sinnvoll ausgegeben wurden" (a.a.O., 282). In diesem Sinne erfüllt Sozialarbeitsforschung nur teilweise dieses Kriterium der Grundlagenforschung.
- Wissenschaftstheoretisch muss sich Grundlagenforschung im Bereich Sozialer Arbeit dem Verdacht der Kollaboration mit dem wohlfahrtsstaatlichen System stellen und ebenso die Rolle der Untersuchten berücksichtigen.
- Im Bereich der Forschungspraxis werden Zwänge deutlich, in denen Soziale Arbeit steckt, wenn es um Machtpositionen und Normalitätsvorstellungen geht.

Als mögliche Forschungsthemenbereiche stellen sie fünf verschiedene vor:

- Interventionsforschung
- Professions- und Kompetenzforschung (Rollen- und Kompetenzbilder und -anforderungen)
- Nutzer- und Resilienzforschung (Berücksichtigung auch der Widerstände)

- Versorgungsforschung (Effekte des Hilfesystems auf die ausgelöste Versorgung)
- Erforschung institutioneller und organisatorischer Rahmenbedingungen

Diese spezifischen Felder einer Grundlagenforschung in der Sozialen Arbeit machen ein Interesse Sozialer Arbeit an weiterreichenden Fragestellungen deutlich, die meist für die Bezugswissenschaften weniger von Bedeutung sind. Für eine Professionalisierung Sozialer Arbeit sind das eigene Forschungsinteresse und eine eigene Forschungstätigkeit von herausragender Bedeutung. Eine solche Forschung muss aber eine selbstreflexive Distanz zur Praxis haben. Nur dadurch ist deren Wissenschaftlichkeit und damit Anerkennung auch über den Bereich Sozialer Arbeit hinaus gewährleistet.

3.3.2 SOZIALBERICHTERSTATTUNG

Sozialberichterstattung hat im Vergleich zur Beantwortung konkreter Fragestellungen eher den Charakter der grundlagenbezogenen Forschung, bezieht aber stärker als die Grundlagenforschung Betroffene und Beteiligte mit ein. Vielfach ist die Sozialberichterstattung auf supranationaler, nationaler, regionaler oder kommunaler Ebene durch Richtlinien, Gesetze oder Satzungen vorgegeben. Typische Beispiele einer solchen Sozialberichterstattung sind Jugend- oder Altenberichte der Landesregierungen, Psychiatrieberichte von Landkreisen oder Erhebungen zur sozialen Lage verschiedener Bevölkerungsgruppen. In aller Regel werden die Ergebnisse der Sozialberichterstattung in regelmäßigen Zeitabständen vorgelegt. Sie dienen zum einen originär der Sozialpolitik, aber auch einer Grundlegung von Konzepten Sozialer Arbeit und der Orientierung für die Praxis. Bei der Nutzung von Sozialberichten muss immer zwischen den wissenschaftlichen Erkenntnissen im Hauptteil und den politischen Absichten des Auftraggebers unterschieden werden, oft wird in diesem Vergleich bereits die Kluft zwischen politischem Selbstdarstellungsanspruch und wissenschaftlicher Erkenntnis deutlich. Je länger und umfassender ein solcher Bericht ist, desto unterschiedlicher auch seine Nutzung in der Sozialen Arbeit und der Sozialpolitik und umso schwieriger wird die Vermittlung der zentralen Erkenntnisse einer solchen Forschungsarbeit.

Ergebnisse der Sozialberichterstattung dienen der Sozialen Arbeit in vielfältiger Weise als Grundlage eigener Anstrengungen. Neue Bedarfe werden dargestellt, Lebenslagen erläutert, Wirkungen sozialpolitischer Entscheidungen bedacht und Absichtserklärungen gegeben.

Beispiel: Armuts- und Reichtumsbericht der Bundesregierung

Als ein Beispiel einer Sozialberichterstattung sei der Armuts- und Reichtumsbericht der Bundesregierung „Lebenslagen in Deutschland" kurz dargestellt: Grundlage dieser Berichterstattung ist ein Beschluss des Deutschen Bundestages aus dem Jahre 2000, der die Bundesregierung zu einem regelmäßigen Bericht in diesem Bereich beauftragte. Der zweite Bericht aus dem Jahr 2005 hat fast 400 Seiten und stellt in einem Teil A zentrale Trends und Herausforderungen dar, in einem Teil B die Maßnahmen der Bundesregierung in diesem Bereich. Während sich der erste Teil als wissenschaftliche Arbeit liest, liest sich Teil B wie eine Broschüre zur Öffentlichkeitsarbeit der Bundesregierung. In einem ähnlichen Stil ist auch die vorgeschaltete Kurzfassung gehalten. Es lohnt also der Blick in den Teil A und dessen Analyse der Situation. In diesem Abschnitt sind Aussagen über die Begrenztheit der Armutsforschung, deren Hintergründe und Entwicklung enthalten, die neben sozialpolitischen Grundlagen auch Grundlagen für die Theorie und Praxis der Sozialen Arbeit bieten können: „Bereits im 1. Armuts- und Reichtumsbericht wurde ein kontinuierlicher Anstieg der Armutsrisikoquoten von 1983 bis 1998 festgestellt. Dieser Trend hat sich fortgesetzt." (Bundesregierung 2005, 19). Auch der 3. Armuts- und Reichtumsbericht stellt trotz aller Bemühungen und positiven Vergleiche mit Ländern, in denen die Situation noch schlechter ist, nüchtern fest: „Die Armutsrisikoquote für die Gesamtbevölkerung stieg dieser Datenbasis zufolge um zwei Prozentpunkte. Auch die Armutsrisikoquote der Erwerbstätigen verzeichnet für den Zeitraum 2002 bis 2005 einen deutlichen Zuwachs um drei Prozentpunkte, allerdings auf niedrigerem Niveau" (Bundesregierung 2008, 26). Ernüchternd ist auch die Bemerkung und Selbstcharakterisierung des Staates mit begrenzten Möglichkeiten in der Marktwirtschaft: „Die Möglichkeiten des Staates in einer sozialen Marktwirtschaft Einfluss auf die Verteilung der Markteinkommen zu nehmen, sind [...] begrenzt" (a.a.O., 19).

Im Vergleich mehrerer solcher Sozialberichte lassen sich Entwicklungen aufzeigen, Handlungsmöglichkeiten, aber auch Begrenzungen
verschiedener (auch politischer) Akteure. Es ist jedoch immer eine
sorgfältige Analyse der Berichte erforderlich, um Kernaussagen „frei-
zulegen" und daraus Schlüsse zu ziehen.

Nutzen für die Soziale Arbeit

Neben dieser allgemeinen Analyse kann eine solche Sozialberichterstattung für die Soziale Arbeit mehrere Funktionen erfüllen:

- Nutzung der sozialpolitischen Linie des Auftraggebers: besonde-
  re Fördermöglichkeiten können für die Soziale Arbeit und deren
  Adressaten erschlossen werden.
- Verwendung der Analyse für die sozialpolitische Diskussion und die
  Profilbildung der Sozialen Arbeit zum Nutze ihrer Adressaten.
- Entwicklung von Theorien.
- Generierung von Praxiserfordernissen und Projekten Sozialer
  Arbeit.
- Grundlage für vergleichbare Gebiete, Regionen oder Städte.
- Darstellung der Entwicklung auf Grund des Vergleiches von Be-
  richten aus verschiedenen Perioden.
- Grundlage für eigene und weitergehende, u.a. auch regionale,
  Forschungen (in Abgrenzung, Kontrastierung, Bestätigung oder
  Vergleich zum jeweiligen Bericht).
- Publizität der Berichterstattung über den Bericht für eigene Projekte
  und Veranstaltungen zur Thematik nutzen.

Mindestens aus diesen Gründen lohnt ein Blick auf die Sozialberichterstattung.

3.3.3 Checkliste zur Nutzung von Forschungsarbeiten

Zumindest im Bereich des Alltags Sozialer Arbeit in den unterschiedlichsten Bereichen wird der Sozialarbeitende kaum selbst als
Forschender Grundlagenforschung oder Sozialberichterstattung durchführen. Sicher wird in der Funktion als Sozialplanender oder Jugend-
hilfeplanender zumindest ein grundlegendes Forschungsverständnis
und auch die Mitwirkung an einer Sozialberichterstattung verlangt.

Viel häufiger wird es darum gehen, Forschungsergebnisse aus den genannten Bereichen lesen und verstehen, ihre Reichweite und ihre Bedeutung einschätzen, ihre Seriosität und ihre Wissenschaftlichkeit einschätzen zu können. Dazu ist es neben den später zu vertiefenden statistischen und forschungstheoretischen Kenntnissen auch wichtig, mit geringem Aufwand eine Studie in ihrer Bedeutung zu erfassen. Dazu sollen die nachfolgenden Fragestellungen eine Hilfestellung und eine Checkliste sein:

FRAGESTELLUNGEN BEI DER BEWERTUNG UND NUTZUNG VON FORSCHUNG

OPERATIONALISIERUNG UND FORSCHUNGSDESIGN

1. Wie werden die wesentlichen Merkmale gemessen (Konstrukte, Variablenauswahl, Indikatoren)?
2. Wie wird die Entscheidung der Methoden begründet?
3. Welche Theorien und Hypothesen liegen der Studie zu Grunde?
4. Welche (auch materiellen) Interessen liegen hinter der Studie (Auftraggeber, Finanzgeber, Einflussnahme)?
5. Wenn Methoden aus verschiedenen Methodentraditionen und Richtungen genutzt wurden, in welchem Zusammenhang (Mix, Triangulation oder Integration)?

METHODIK UND DATENGEWINNUNG

1. Um welche Art der Forschung handelt es sich?
2. Welche Daten wurden wann, von wem mit welcher möglichen Reichweite erhoben?
3. Ist das Vorgehen hinreichend dokumentiert?
4. Werden Aussagen zur Einhaltung von Gütekriterien der jeweiligen Forschungsrichtung getroffen?
5. Bei quantitativen Untersuchungen: Wie wurde welche Stichproben-ziehung vorgenommen? Wie ist das Verhältnis von Stichprobe zur Grundgesamtheit?

AUSWERTUNG UND INTERPRETATION

1. Sind Verallgemeinerungen zulässig?
2. Wurden alternative Interpretationen geprüft?
3. Sind (bei quantitativen Untersuchungen) die Interpretationen der Daten und Rechenergebnisse nachvollziehbar? Wurden (bei qualitativen Untersuchungen) Regeln der Hermeneutik eingehalten?
4. Wurden Informationseinbußen durch Verkürzungen der Aussage deutlich gemacht?
5. Werden Ansprechpartner, Autoren, nachprüfbare Daten oder einsehbare Dokumentationen benannt?

Die Antwort auf diesen Fragenkatalog gibt Hinweise auf die Güte und Nutzbarkeit der jeweiligen Studie. Einen noch schnelleren Überblick gibt die Anwendung der Gütekriterien der jeweiligen Forschungstypen oder -methodiken (siehe vor allem Evaluation, quantitative und qualitative Forschung).

3.4 WEITERFÜHRENDE LITERATUR

Beywl, Wolfgang u.a. 2007: Evaluation Schritt für Schritt: Planung von Evaluationen. Münster

Engelke, Ernst, u.a. (Hrsg.): Forschung für die Praxis. Zum gegenwärtigen Stand der Sozialarbeitsforschung. Freiburg

Hart, Elizabeth/Bond, Meg 2001: Aktionsforschung für Pflege-, Gesundheits- und Sozialberufe. Bern

4. Verfahren: Quantitativ,
qualitativ oder integriert

Während man in der quantitativen Sozialforschung am ehesten von einer einheitlichen Methodologie oder Methodik sprechen kann, einem eigenen abgeschlossenen „Gedankengebäude" und einer einheitlichen methodischen Grundlage, trifft dies auf die qualitative Forschung nicht in diesem Maße zu. Dort sind sehr unterschiedliche Richtungen, Strategien und Verfahren vorhanden. Daher scheint die Begrifflichkeit der Verfahren (im Sinne von grundlegenden Vorgehensweisen vor dem Hintergrund unterschiedlicher Paradigmen) hier angebrachter. Diese lässt sich auch auf die Bemühungen zu einer Integration beider Richtungen der Sozialforschung anwenden, obgleich dort methodologische Programme entworfen werden (vgl. Kelle 2007, 263). Sowohl die quantitative als auch die qualitative Forschung sind weit in der erkenntnistheoretischen Tradition und Theorie verankert, was auch den Hintergrund der bisher oft getrennten, wenn nicht sogar sich gegenseitig ausschließenden Formen ausmacht: „Diese Entwicklungen können als Ergebnis praxisferner, ideologisch verhärteter Grabenkämpfe zwischen

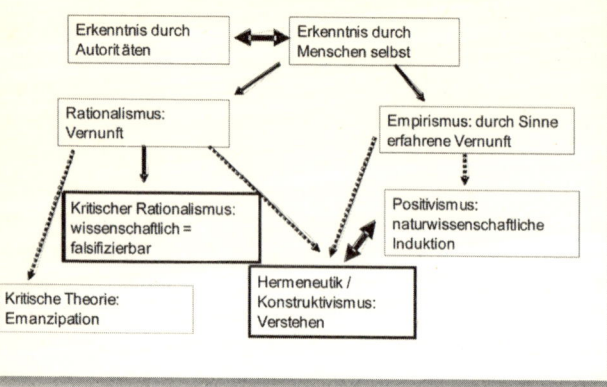

Abbildung 6: Vereinfachter Überblick über die Erkenntnistheorie

den Vertretern der unterschiedlichen Paradigmen verstanden werden"
(Seipel und Rieker 2003, 32).

Der nachfolgende, verkürzte Überblick über die Erkenntnistheorie zeigt, dass Erkenntnis durchaus auch ohne Empirie möglich
erscheint, etwa, indem Erkenntnis auf Autoritäten zurückgeführt wird.
Die Geschichte der Erkenntnistheorie ist durch einen Gegensatz zwischen dem Rationalismus, Erkennen durch die Vernunft, und einem
Empirismus, Erkennen durch mit dem Verstand durchdrungene Erfahrung, geprägt.

Aus diesen Grundlagen liegen heute vor allem vier Denkrichtungen
der Empirischen Sozialforschung zugrunde. Für die quantitative
Forschung ist dies der Kritische Rationalismus („Erklären"), für die
qualitative Forschung vor allem die Hermeneutik und der Konstruktivismus („Verstehen"). Die kritische Theorie der Frankfurter Schule
(„Verändern") hat Eingang gefunden in die Handlungsforschung, der
Positivismus („Beschreiben") geht von der unvoreingenommenen
Beobachtung als Grundlage für eine Theoriebildung aus (vgl. Seipel/
Rieker 2003, 32 ff.). Während der Konstruktivismus stärker in der
qualitativen Forschung anzutreffen und der Kritische Rationalismus
eher in der quantitativen Forschung als eine Grundlage spürbar ist,
können Elemente aller vier Denkrichtungen in der Praxis der gesamten

Empirischen Sozialforschung entdeckt werden. Eine unvoreingenommene objektive Haltung wird durch eine strenge Methodik umzusetzen versucht, bei der quantitativen Forschung durch Standardisierung, bei der qualitativen Forschung durch eine weitreichende Dokumentation bis hin zu einer „objektiven Hermeneutik". Veränderungsimpulse sind in unterschiedlicher Stärke vorhanden, bei der Handlungsforschung wird die Veränderung „an Ort und Stelle" angestrebt, bei anderen Forschungstypen oder Methodiken durch einen „Verwertungszusammenhang" in etwas abstrakterer Form. Verständnis wirkt in der Rekonstruktion ebenso wie in der Vorarbeit zur quantitativen Forschung, wenn es um dimensionale oder semantische Analysen des Forschungsgegenstandes geht. Die Begrenztheiten eines Kritischen Rationalismus, nach der Wissenschaften u.a. durch die Falsifizierbarkeit von Aussagen gekennzeichnet ist, haben sowohl Eingang gefunden in die Hypothesenbildung bei quantitativen Ansätzen als begrenzte Reichweite aller empirischen Forschungsansätze.

Wird von der Grundlage ausgegangen, dass der Mensch durch eigenes Handeln zu Erkenntnissen kommen kann, so kann zwischen dem Rationalismus (Erkenntnis durch die Vernunft) und dem Empirismus (die Vernunft muss durch die Sinne erfahrbar sein) unterschieden werden. Diese beiden Denkrichtungen können als Grundlage der heutigen, vor allem als Kritischer Rationalismus (vgl. Popper 1995) bzw. als Konstruktivismus (vgl. z.B. Foerster 1993) bezeichneten erkenntnistheoretischen Richtungen verstanden werden. Gegensätze sind zwischen einem Positivismus und der Hermeneutik zu sehen.

Auf Grund dieser ganz unterschiedlichen Hintergründe erscheint es sinnvoll, beide Verfahren der quantitativen und qualitativen Sozialforschung zunächst getrennt voneinander darzustellen, bevor es darum gehen kann, nach Verbindungen und Integrationsmöglichkeiten zu suchen.

In einer Gegenüberstellung können daher die beiden grundlegenden Verfahren wie folgt dargestellt werden:

Hermeneutik – interpretierende Wissenschaft

Quantitative Forschung	Qualitative Forschung
Generalisieren	Individualisieren
Erklären	Verstehen
Distanz	Identifikation
Zufallsstichprobe	Theoriegeleitete Auswahl (Sampling)
Statistische Datenanalyse	Interpretation, Hermeneutik
Verallgemeinerungen: Mengen, Häufigkeiten, statistische Zusammenhänge	Kategorisierung, Typenbildung: Sinnstrukturen, Handlungsmuster
z.B. standardiserter Fragebogen	z.B. Beobachtung, narratives Interview

Abbildung 7: Gegenüberstellung quantitative und qualitative
Sozialforschung

An dieser Stelle wird deutlich, dass zur Gewinnung von Erkenntnissen eine Einschränkung auf nur eine der beiden Verfahren eine Verkürzung der Forschungsmöglichkeiten darstellen würde.

Hier soll nicht verschwiegen werden, dass es neben der gebräuchlichen Unterscheidung auch Bemühungen gibt, andere Grenzlinien zu ziehen, beispielsweise wie erwähnt zwischen einer rekonstruktiven und einer hypothesenüberprüfenden Methodik (vgl. Bohnsack 2007, 10). Kromrey (vgl. 2006, 33 f.) hält die Bezeichnung „quantitative Sozialforschung" für ein Missverständnis und eine Irreführung, gehe es doch erst bei der Analyse um Quantitäten, um das Zählen und Messen, sinnvoller sei es von einer standardisierten Methode zu sprechen, da die Standardisierung ein durchgängiges Merkmal dieser Form der Forschung sei.

Die zwei grundlegenden Hürden, die quantitative wie auch qualitative Untersuchungen überwinden müssen und an denen sich eine Wissenschaftlichkeit festmacht, sind

a) die Operationalisierung: Wie lässt sich die Forschungsfragestellung in Instrumente umsetzen? Kann das, was die Messung vorgibt, gemessen werden? Fehler, die bei der Operationalisierung gemacht werden, lassen sich im späteren Verlauf der Forschung kaum noch korrigieren.

b) die Verallgemeinerung bzw. Generalisierung: Auf welche größere Einheit lassen sich die Ergebnisse übertragen? Lassen sich die Erkenntnisse auf andere, verwandte Felder anwenden? Werden unzulässige Verallgemeinerungen getätigt, sind falsche Übertragungen und damit auch Umsetzungen entweder gefährdet oder sie laufen in eine falsche Richtung.

Allein die Sprache ist schon ein mögliches Hindernis, wie die folgende Darstellung zeigt:

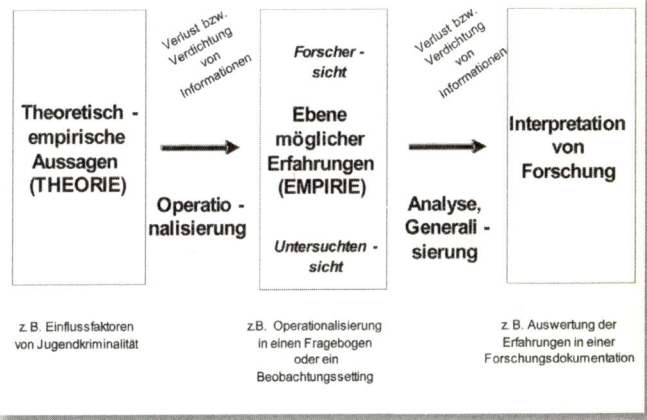

Abbildung 8: Hürden bei der Forschung

Die Theorie unterliegt einer zweifachen Übersetzungstätigkeit, der Operationalisierung in die empirische Forschung und schließlich der Generalisierung, der Übersetzung durch Analyse und Interpretation der empirischen Ergebnisse. Schließlich und nicht zu vernachlässigen sind die unterschiedlichen Sichtweisen von Forschern und Erforschten. In der Sprache der Konstruktivisten liegen auf beiden Seiten unterschiedliche Konstruktionen der Wirklichkeit vor.

4.1 QUANTITATIVE BZW. STANDARDISIERTE FORSCHUNG

Bei der quantitativen Forschung lässt sich deren Herkunft aus der naturwissenschaftlichen Tradition der Messbarkeit nicht verleugnen. Soziale Tatsachen und Sachverhalte werden in Zahlen übersetzt, die dann statistischen Auswertungsmethoden offenstehen. Dieser Hintergrund macht deutlich, dass es um Übersetzungsleistungen geht: Kann Armut oder Zufriedenheit mit dem Leben in Zahlen gefasst werden? Wenn ja, wie ist dies möglich? Wie kann mit Mitteln der Forschung vermieden werden, dass die Kluft zwischen der Wirklichkeit und der Messung möglichst klein ist? Dazu bedient sich die quantitative Sozialforschung vieler immer weiter ausdifferenzierter Operationalisierungs- und Berechnungsmethoden. Forschung nimmt immer nur einen selbst definierten oder nachvollziehbaren Ausschnitt der Wirklichkeit wahr.

Quantitativer Forschung ist daran gelegen, Aussagen über den Einzelfall hinaus zu treffen, Verallgemeinerungen herzustellen, darzustellen, dass eine bestimmte Auswahl (Stichprobe) von untersuchten Personen oder Fällen Rückschlüsse auf eine größere Anzahl von Personen (Grundgesamtheit) zulässt. Beispiele aus der Wahlforschung und der Konsumentenforschung zeigen, dass die quantitative Forschung zu genauen Ergebnissen und Vorhersagen kommen kann. Hochrechnungen bei Bundestags- und Landtagswahlen unterscheiden sich oft nur um wenige Prozentpunkte von den tatsächlichen Ergebnissen, obwohl nur wenige Personen befragt wurden. In der Erforschung zur Vermarktung von neuen Produkten wundern sich Verbraucher, wie die Produzenten den Geschmack oder eine Richtung getroffen haben. Auch dies ist einer genauen Erforschung von Konsumentenverhalten zu verdanken. In der Sozialen Arbeit sind Sozialberichte wie der Armuts- und Reichtumsbericht der Bundesregierung, Jugendstudien, lokale Psychiatrieberichte und ähnliche Studien meist aus quantitativen Analysen entstanden, die wichtige Tendenzen aufzeigen und Empfehlungen für das Handeln geben. In Sozialraumanalysen wird mit statistischen Daten gearbeitet und in der Evaluation werden standardisierte Beobachtungen oder Befragungen durchgeführt, um

Aussagen zu treffen, die für den jeweiligen Untersuchungsbereich zutreffende Erkenntnisse liefern.

4.1.1 FORSCHUNGSVERLAUF UND MESSBARKEIT

Eine quantitative Studie geht von einer Fragegestellung aus und hat im Vergleich zu einer qualitativen Studie immer einen linearen Verlauf. Zwar wissen die Forschenden zu Beginn der Untersuchungen noch nicht deren Ergebnisse, sie kennen jedoch den genauen Ablauf der Studie von der Hypothesenbildung bis zur Veröffentlichung. Der generelle Ablauf einer empirischen Studie kann grob in den Entdeckungs-, Begründungs- und Verwertungszusammenhang unterteilt werden (detailliert werden die Forschungsdesigns im Kapitel 5 dargestellt). Jedoch hängt ein solcher Verlauf immer von der konkreten Forschungsfragestellung ab. Gibt es bereits Theorien zur Thematik? Wie tief wird eine Analyse unternommen? Werden bereits vorhandene Instrumente genutzt oder sollen solche neu entwickelt werden? usw. Daher ist auch der Begriff des Forschungsdesigns ernst zu nehmen, geht es doch bei jeder Forschungsarbeit neu darum, dieser eine Gestalt zu geben.

Nahezu reflexartig, ohne sich genauer in die Gestaltung eines Designs zu begeben, wird bei der quantitativen Forschung auf die standardisierte Befragung verwiesen, die sicherlich auch eine weit verbreitete Methode ist. Quantitative Forschung und damit die Erhebung von messbaren Daten kann jedoch auch andere, zu wenig beachtete Formen annehmen. Neben der Befragung kann quantitative Forschung auch Beurteilen, Testen, Zählen, Beobachten oder physiologische Messung bedeuten (vgl. Bortz/Döring 2002, 38 ff.).

Generell wird der quantitativen Forschung immer wieder vorgeworfen, sie messe Dinge, die sich gar nicht messen ließen, gerade die Wirkungsforschung wird als schwierig oder zuweilen als undurchführbar beschrieben. Dem kann entgegengehalten werden, dass Kategorien, die beobachtbar sind, auch generell messbar sind. Messbarkeit bedeutet aber nicht automatisch auch Berechenbarkeit, das Verhalten eines Menschen ließe sich nur dann berechnen, wenn alle Faktoren, die auf sein Verhalten einwirken, bekannt sind, und das ist wohl nicht möglich. Daher folgt für die Messbarkeit sozialer Sachverhalte vor allem zweierlei: Messen heißt immer Reduktion der Wirklichkeit, es werden also bewusst Dinge ausgeblendet. Es muss versucht werden, die wesentlichen Dinge, die für eine Untersuchung wichtig sind, zu fokussieren. Zum anderen müssen die Messinstrumente zum Messgegenstand passen. Niemand käme auf die Idee mit einem Zollstock die Temperatur zu messen. Das muss für die Soziale Arbeit heißen: Ihr Sachverstand ist beim Messen gefragt und sie ist aufgerufen, ihre eigene Messinstrumente, z.B. für die Wirkung von teuren Interventionen zu entwerfen und diese transparent und diskutierbar zu machen. In einer Welt, in der Messdaten und Wirkungen entscheidend sind für die Zuweisung von Ressourcen, muss diese Sprache beherrscht werden, ohne mit den Zielsetzungen und ethischen Überzeugungen Sozialer Arbeit zu konkurrieren.

4.1.2 Vorüberlegungen

Bevor über die Instrumente zur Erhebung von Daten nachgedacht wird, muss die Forschungsfrage erst einmal präzisiert und in ihren verschiedenen Ausprägungen betrachtet und verdichtet werden. Kromrey spricht in diesem Zusammenhang von der „empirischen ‚Übersetzung' des Forschungsproblems" (2006, 115). Das Forschungsproblem in der Sozialen Arbeit, z.B. die Wirkung von erzieherischen Hilfen auf die Kinder und Jugendlichen muss für die Forschung „handhabbar" gemacht werden, ähnlich wie bei einem Handwerk der Bau eines Gebäudes zunächst einmal der Planung bedarf: welche Ausmaße soll das Gebäude haben? Erst wenn man sich über die Begriffe (Wohnhaus, Passivhaus, Lage) einig ist, kann es darum gehen, in einem weiteren Schritt, der Operationalisierung, zu überlegen, wie der Plan umgesetzt werden kann, in welchen Schritten, mit welchen Werkzeugen, mit welchen Mengen. Zur Übersetzung des Forschungsproblems in der Sozialen Arbeit sind vor allem zwei wesentliche Schritte zu unternehmen:

1. Eine Analyse der Dimensionen des Forschungsgegenstandes (Nach welchen Merkmalen lassen sich die Sachverhalte unterscheiden? Gibt es bereits Erkenntnisse zu den einzelnen Sachverhalten und deren Zusammenhängen?). Es geht dabei vor allem um eine Ideen- und Materialsammlung, eine Systematisierung, eine Auswahl

der für die Untersuchung relevanten Aspekte und schließlich um die Entwicklung eines untersuchungsleitenden Modells und einer beschreibenden Begrifflichkeit (vgl. Kromrey 2006, 134 f.).

An dem Beispiel Wirkung erzieherischer Hilfen erläutert sollte zunächst überlegt werden, was bedeutet Wirkung, was sind erzieherische Hilfen, wer ist beteiligt. In einem weiteren Schritt wird die Thematik geordnet und systematisiert, aus den Ideen und Materialien wird ein Schema erstellt, wie z.B. der Ablauf der erzieherischen Hilfen erfolgt (z.B. Hilfeplangespräch, Hilfeplan, Durchführung, Abschluss, Ergebnis, Wirkung auf die Person, Wirkung auf das Umfeld, Wirkung nach einem halben Jahr, Wirkung nach zwei Jahren). Da Forschung immer eine Reduzierung beinhaltet, werden in einem dritten Schritt die relevanten Aspekte für die Untersuchung herausgestellt. Im vorliegenden Fall werden die Dimensionen ausgewählt, die für die Fragestellung von Interesse sind, also z.B. die Wirkung auf die Person nach einem halben Jahr und nach zwei Jahren. Beim letzten Schritt der dimensionalen Analyse schließlich wird der mögliche Zusammenhang der Dimensionen betrachtet, hier werden z.B. mögliche Wirkfaktoren herausgestellt, die eine Wirkung beeinflussen: Vorgeschichte, Art der Intervention, weiterhin werden Wirkungen in einem Modell dargestellt: direkte, indirekte Wirkungen, beabsichtigte und unbeabsichtigte Wirkungen usw.

2. In einer semantischen Analyse werden sprachliche Zeichen (Begriffe) mit den gemeinten Aussagen beschrieben (vgl. Kromrey 2006, 138). Dabei wird herausgestellt, welche Dimensionen von Bedeutungen einem Begriff zukommen, und es müssen, immer noch in der „empirischen Übersetzung", die Sachverhalte bestimmt werden, die den Bedeutungsdimensionen entsprechen (vgl. a.a.O., 140).

Soll z.B. in einer Evaluation eines Jugendprojektes die Begeisterung untersucht werden, so müssen zunächst die Bedeutungen des Begriffes Begeisterung abgeklärt werden (welche Merkmale oder Indikatoren hat Begeisterung: z.B. emotionales Hochgefühl, Ausstrahlung auf andere usw.), in einem zweiten Schritt muss dann überlegt werden, wie die zu erforschenden Begriffsdimensionen empirisch „erfahren" werden können.

Nach dieser Eingrenzung der Forschungsfrage erfolgt in der nächsten Stufe im Verlauf der Forschung die „Handhabbarmachung" der Forschungsfrage, die Übersetzung in ein tatsächlich für Erfahrungen offenes (und damit empirisches) Forschungs„szenario".

4.1.3 OPERATIONALISIERUNG

Soll im Rahmen einer Studie untersucht werden, wie zufrieden Studierende mit dem Bachelor-Studium sind, so heißt dies zunächst, das Konstrukt der Zufriedenheit messbar zu machen. Dazu sollte z.B. die Theorie der Zufriedenheit genutzt werden. Sicher finden sich in der Literatur aus vergleichbaren Zusammenhängen, etwa der Arbeitszufriedenheit bei Beschäftigten, Zugänge zu dem Thema. Es gilt, nach einer klaren Definition von Zufriedenheit zu überlegen, welche Aspekte dieses Konstruktes wie messbar sind. Man könnte auf die Idee kommen, durch Beobachtung auf dem Campus Variablen der Zufriedenheit zu finden, diese könnten darin bestehen, dass zufriedene Studierende häufigere Sozialkontakte haben und ausgeglichener sind. Bei der Beobachtung müssten für diese Variablen Indikatoren gefunden werden. Sozialkontakte ließen sich beispielsweise dadurch beobachten, wie oft mit welchen anderen Studierenden Unterhaltungen stattfinden. Als Indikator für Ausgeglichenheit könnten eine aufrechte Körperhaltung und ein zufriedener Gesichtsausdruck gelten. Eine Erhebung zur Zufriedenheit könnte aber auch durch ein kontrolliertes Experiment durchgeführt werden, in einem Test zum Stressverhalten könnten Indikatoren zur Ausgeglichenheit entwickelt werden, als Maß für Sozialkontakte könnten Aussagen zu hochschulrelevanten „inoffiziellen" Themen abgefragt werden. In Form einer standardisierten Fragebogenerhebung könnten für die Zufriedenheit verschiedene Items zur Auswahl gestellt werden, die Aussagen in verschiedenen Situationen des Studierendenlebens wiedergeben. Als Ausmaß der Sozialkontakte könnte auch die Zahl der namentlich bekannten Studierenden im Seminar, im Semester, im Fachbereich oder an der Hochschule abgefragt werden.

In dem dann folgenden Schritt müsste überlegt werden, ob die Instrumentarien der Datenerhebung die Zufriedenheit auch vollständig abbilden, ob wesentliche Aspekte der Zufriedenheit vorkommen und ob die Aussagen oder Beobachtungen auch ein Maß für die Zufriedenheit sein können. In der Regel wird dies möglich, indem die Erhebungsinstrumente mit Fachleuten diskutiert werden und in einem Pretest getestet werden.

4.1.4 GRUNDGESAMTHEIT UND STICHPROBENZIEHUNG

Wird eine Untersuchung von Beziehern von Arbeitslosengeld II in einer Stadt durchgeführt, so werden in der Regel nicht alle Personen befragt. Es wird eine Auswahl aller Bezieher von Arbeitslosengeld II getroffen. Diese Auswahl bezeichnet man als „Stichprobe", die Gesamtzahl der Bezieher von Arbeitslosengeld II in diesem Fall als Grundgesamtheit oder als Population, d.h. alle möglichen zu untersuchenden Personen. Die Art der Bildung der Stichprobe bzw. die Ziehung einer Stichprobe spielt eine wichtige Rolle. Normalerweise wird angestrebt, dass die Stichprobe die Merkmale der Grundgesamtheit wiedergibt, dass also in unserem Beispiel in der Stichprobe die Verteilung der Geschlechter der Verteilung der Geschlechter in der Grundgesamtheit entspricht („Repräsentativität"). Zu unterscheiden sind die willkürliche Stichprobe (der Forschende sucht sich beliebige Personen aus, vielleicht gerade diejenigen, die als nächste erreichbar sind) und die Zufallsstichprobe (jede Person aus der Grundgesamtheit hat die gleiche Chance befragt zu werden, Auswahl per „Los"). Weitaus häufiger werden die drei folgenden Arten der Stichprobenziehung verwendet:

Klumpenstichproben (diese gebräuchliche Fachbezeichnung ist auf eine etwas verkürzte Übersetzung aus dem englischen Wort „cluster" zurückzuführen (vgl. Kromrey 2006, 306)).

Hierbei werden, wie bei der PISA-Studie, ganze Gruppen bzw. Klassen, die nach vorher festgelegten mehrstufigen Auswahlverfahren ausgewählt wurden, befragt.

Quotenauswahl

Hierzu muss die Struktur der Grundgesamtheit bekannt sein. Es werden dann entsprechend dieser Struktur für einzelne Merkmale Quoten gebildet, die befragt werden, z.B. leben in einer Grundgesamtheit 30 % der Einwohner in Großstädten, in der Stichprobe sollen dann ebenfalls 30 % der Personen aus Großstädten befragt werden. Die Quoten sollten eine Relevanz für die untersuchende Problemstellung haben.

Schneeballverfahren

Dieses wird praktiziert, wenn es darum geht, an schwer erreichbare Zielgruppen zu gelangen, dabei wird dann eine Zielperson gebeten, z.B. den Fragebogen in ihrem Bekanntenkreis weiterzuleiten.

4.1.5 Durchführung und Datenerhebung

Bei entsprechender Vorbereitung hat die eigentliche Erhebung der Daten nur einen vergleichsweise geringen Aufwand, insbesondere dann, wenn standardisierte Fragebogen oder Online-Programme zur Befragung genutzt werden. Dennoch muss gerade bei der Datenerhebung darauf geachtet werden, dass Standards eingehalten werden und die Systematik entsprechend gewählt ist, um Messfehler gering zu halten. Die Person des Forschenden spielt eine Rolle. Sowohl bei einer standardisierten Befragung, die mündlich oder telefonisch durchgeführt wird, als auch bei der direkten Beobachtung kann die Rolle des Forschenden nicht „außen vor" bleiben. Vor der jeweiligen Untersuchung sollte neben den inhaltlichen Bereichen eine Vereinbarung getroffen werden hinsichtlich einer Vereinheitlichung des Vorgehens, einige mögliche Punkte sind die nachfolgenden:

1. Kleidung, Alter, Geschlecht, äußere Erscheinung des Forschenden: Es macht einen Unterschied, ob jüngere Menschen ältere Menschen befragen oder fragende und befragte Personen einer Generation angehören. Bereits bei der Planung sollte überlegt werden, welches Setting für das konkrete Forschungsinteresse sinnvoll ist.

2. Verhalten des Forschenden, z.B. bei Rückfragen, Verständnisfragen und Meinungsfragen: Das Untersuchungsergebnis würde verzerrt, wenn die Forschenden unterschiedlich mit der Beantwortung solcher Fragen umgingen und z.B. bei der Frage der Einstellung zu verschiedenen Therapieformen ihre eigene Auffassung wiedergäben oder sich Sympathie oder Antipathie anmerken ließen.

3. Ort, Zeit und äußere Umstände: Unter dem Gesichtspunkt einer Standardisierung sollten zur Vergleichbarkeit bei quantitativen Forschungsansätzen die Rahmenbedingungen Berücksichtigung finden. Werden die gleichen Fragen derselben Zielgruppe einmal in einer angespannten Atmosphäre am Arbeitsplatz und einmal in einer entspannten Atmosphäre im heimischen Umfeld gestellt, sind

unterschiedliche Ergebnisse vorprogrammiert. Oft spielen auch politische, gesellschaftliche oder globale Rahmenbedingungen eine Rolle. Im Rahmen der Terroranschläge auf das World Trade Center am 11. September 2001 hätte es beispielsweise bei der Frage nach der Befürwortung der Todesstrafe einen Unterschied dargestellt, ob die Befragung vor, während oder nach den Anschlägen durchgeführt worden wäre.

4. Belohnungen für die Teilnahme an der Forschung: Mit Belohnungen, Sach- und Geldpreisen oder der Teilnahme an einem Gewinnspiel wird versucht, die Rücklaufquote bei einer Befragung zu erhöhen. Dabei sollte auch überlegt werden, ob ggf. durch unangemessene Belohnung oder durch Preise die Untersuchungsergebnisse verzerrt werden. Das kann dadurch geschehen, dass durch Belohnungen nur Teilnehmende angezogen werden, die es auf die Belohnung abgesehen haben, und dadurch in der Stichprobe materiell eingestellte Personen überrepräsentiert sind. Schwierig wird es auch, wenn die Präsente in einem starken Bezug zum Forschungsinteresse stehen. Bei einer Befragung zum Umweltverhalten und zur Ressouceneinsparung würden sowohl eine Wegwerfkamera als auch ein ökologisch hergestelltes T-Shirt Signale setzen, die zumindest bedacht und berücksichtigt werden sollten.

Bei unterschiedlichen Untersuchungen spielen unterschiedliche Settings eine Rolle, so dass die hier genannte Aufzählung nicht abschließend sein kann, sie soll nur die Sensibilität bei der Durchführung von Forschung stärken.

Zur Absicherung der Nachvollziehbarkeit und als Annäherung an Objektivität sollte der Forschungsverlauf in all seinen Schritten dokumentiert werden, wie später noch auszuführen sein wird (Kapitel 7.2).

4.1.6 Datenbereinigung und Datenaufbereitung

Wurden die Daten erhoben, müssen diese noch, bevor sie einer statistischen Auswertung zugeführt werden können, zum einen bereinigt, zum anderen aufbereitet werden. Bei der Bereinigung geht es darum, mit offensichtlich falschen oder sich widersprechenden Daten umzugehen. Es ist zu entscheiden und zu dokumentieren, ob diese

Datensätze nicht in die Auswertung einfließen oder sie auf Grund anderer Informationen aus der Datenerhebung korrigiert werden.

Für die Nutzung der Daten in einem Computerprogramm müssen ggf. die Daten noch aufbereitet werden (Wie wird eine Nichtantwort kodiert, so dass sie bei Berechnungen nicht das Rechenergebnis verzerrt?). Erst nach der Datenerhebung lassen sich beispielsweise durch die gegebenen Antworten in einem Fragebogen Tendenzen erkennen, Klassen bilden mit ähnlichen Merkmalen, Antwortmöglichkeiten zusammenfassen oder Indices bilden (Zusammenfassung von mehreren Indikatoren).

4.1.7 Statistik und Auswertung

Da die quantitative Forschung auf eine starke Standardisierung setzt und Messdaten generiert, ist es naheliegend und sinnvoll, solche Daten auch zu Berechnungen zu nutzen. Während solche Verfahren in der Vergangenheit sehr aufwändig waren und Mathematikern und Statistikern vorbehalten blieben, können bei entsprechender Vorbereitung die erhobenen Daten relativ einfach in ein Computerprogramm wie SPSS (siehe Anhang) eingegeben werden. Die Programme ermöglichen die Berechnung umfangreicher Kennzahlen, aussagekräftiger Werte und Maße. Teilweise ist es auch möglich, durch die Statistik Aussagen über die Repräsentativität und die Aussagekraft der Ergebnisse zu treffen. Zur Interpretation der Daten ist es allerdings erforderlich, die Bedeutung der Ergebnisse zu kennen, um zutreffende Aussagen tätigen zu können. Bei der Statistik wird zunächst einmal zwischen einer beschreibenden Statistik (der deskriptiven Statistik) und einer schließenden Statistik (der Inferenzstatistik) unterschieden. Erstere stellt die Ergebnisse dar und berechnet Zusammenhänge, letztere stellt den Bezug zu den Ausgangshypothesen und anderen Untersuchungen dar. Eine weitere Unterscheidung bei den statistischen Auswertungen ist die zwischen univariater, bivariater und multivariater Statistik. Mit diesen Bezeichnungen wird angegeben, ob nur ein Merkmal (Variable), zwei Merkmale oder mehr als zwei Merkmale in die Berechung einbezogen werden. Dabei ist zu beachten, dass bei den Berechnungen neben einer ausreichend großen Stichprobe auch berücksichtigt werden muss, welche Skala bei einer Frage genutzt wird. Es wird allgemein

deutlich, dass ein arithmetisches Mittel („Durchschnitt") bei der Nominalskala zum Geschlecht mit den Werten weiblich oder männlich
wenig aussagekräftig ist, wenn dies z.B. lauten würde, die untersuchte
Gruppe sei im Durchschnitt 1,3 männlich.

Eine Vertiefung der Statistik erfolgt später im Zusammenhang
im Kapitel 7.1, in dem weitere Grundlagen zur Auswertung von Forschungen dargestellt werden.

4.1.8 GÜTEKRITERIEN

Im Rahmen der quantitativen Forschung werden eine Reihe von
Gütekriterien genannt, u.a. die Repräsentativität, die Gültigkeit, die
Objektivität und die Zuverlässigkeit. Von ersterer ist die Rede, wenn
eine Stichprobe die Grundgesamtheit wiedergibt, d.h. also wenn die
500 befragten Jugendlichen bei einer Jugendstudie im Verhältnis die
gleichen Merkmale vorweisen wie die Gesamtheit aller Jugendlichen.
Wird dieses Beispiel weitergedacht, wird schon deutlich, dass die
Repräsentativität immer im Bezug zu bestimmten Merkmalen gesehen
werden muss. Ist bei den 500 befragten Jugendlichen z.B. eine Ju-
gendliche, die zufällig aus Russland kommt, so kann deren Aussage
keineswegs für alle Jugendlichen aus Russland gelten. Es müssen
also die Merkmale, auf die eine Repräsentativität hin gelten soll, in
ausreichendem Maße vorhanden sein. Daher wird der Begriff der
Repräsentativität nicht von allen als Gütekriterium gesehen. Schnell,
u.a. (2005, 304 f.) sehen diesen nur im Zusammenhang mit der
Zufallsauswahl als sinnvoll an. Nur wenn der Auswahlmechanismus
der Zufallsauswahl korrekt ist, ist auch die Verteilung der Merkmale
einer Stichprobe repräsentativ im Bezug auf die Grundgesamtheit.
Die Autoren kommen zu dem Schluss (a.a.O., 305):

> „Die Verwendung des Begriffs ist, legt man wissenschaftliche
> Kriterien zugrunde, ungenau und unnötig: Entweder stellt eine
> Auswahl eine Zufallsstichprobe dar oder nicht. Um eine Unter-
> suchung in Bezug auf ihre Güte beurteilen zu können, benötigt
> man genaue Angaben über Grundgesamtheit, Ziehungsprozess,
> Ausfälle und die verwendeten Instrumente."

Die Gültigkeit oder Validität fragt danach, ob die Messinstrumente
auch genau das messen, was sie zu messen vorgeben. Hiermit wird

demnach die o.g. Operationalisierung überprüft. Es gibt verschiedene Formen der Validität, die untersucht werden, z.b. die Konstruktvalidität, die überprüft, ob das in der Untersuchung z.b. verwendete Konstrukt von Armut überhaupt in Bezug auf eine bestimmte Theorie gültig ist. Die Kriteriumsvalidität ist ein Maß dafür, ob in der Untersuchung verwendete Kriterien u.a. auch eine Vorhersage z.b. für ein bestimmtes Verhalten erlauben. Die Inhaltsvalidität fragt danach, ob das Messinstrument auch alle (für die Untersuchung wesentlichen) Inhalte eines Untersuchungsgegenstandes abbildet.

Die Objektivität wirft einen Blick auf die über die Subjektivität der Forschenden hinausgehende Nachvollziehbarkeit und Überprüfbarkeit der Forschung in ihrem gesamten Verlauf.

Beim Gütekriterium der Zuverlässigkeit als Maß der Wiederholbarkeit (Reliabilität) wird der Zusammenhang zu den Naturwissenschaften am deutlichsten und die Anwendung für die Sozialwissenschaften am schwierigsten: Schließlich lassen sich Chemieexperimente mit mehr oder weniger Aufwand exakt wiederholen, eine Befragung derselben Personen zu anderen Zeitpunkten kommt unweigerlich zu anderen Ergebnissen, da Fragen im Zeitablauf anders verstanden werden, da sich Menschen entwickeln und zu neuen Einsichten und Ansichten kommen. Kromrey (2006, 260f.) unterscheidet in Anlehnung an Esser u.a. (1977, Band I, 93) bei der Zuverlässigkeit zwischen der intertemporalen, der intersubjektiven und der interinstrumentellen Stabilität der Messwerte: Erstere definiert er „Bei wiederholter Messung desselben Phänomens bringt das Messinstrument die gleichen Ergebnisse hervor" (a.a.O., 260), die intersubjektive Stabilität: „Wenn verschiedene Personen dasselbe Phänomen mit Hilfe desselben Instrumentes messen, dann erzielen sie die gleichen Ergebnisse" (a.a.O., 261). Dies kann auch als intersubjektive Überprüfbarkeit von Messwerten bezeichnet werden. Die interinstrumentelle Stabilität „verweist darauf, dass die gleiche Merkmalsdimension durchaus mit Hilfe unterschiedlicher Instrumente gemessen werden kann" (a.a.O.).

Neben der exakten Messbarkeit der Testzuverlässigkeit sollte bereits in der Entwicklung einer Befragung untersucht werden, inwieweit sich bei Fragen z.B. die Person des Fragestellers auf die Befragung auswirkt und dementsprechend ein Maß für die Reliabilität gefunden werden kann.

4.1.9 GRENZEN DER MESSBARKEIT

Am Beispiel der Armutsforschung stellt Schönig (2008) dar, dass diese von einer Mittelschichtorientierung dominiert wird und zwar einen relativen Armutsbegriff deutlich abbildet, jedoch die extreme Armut gar nicht erfasst. Allein die Berechnung der Armut nach den gängigen Berechnungsweisen der Europäischen Union macht die relative Armut zu einem „ewigen Phänomen": „Aufgrund der großzügigen Abgrenzung bei 60 % des Median-Äquivalentseinkommens (‚Armutsgefährdungsgrenze') wird die Armutspopulation dauerhaft in erheblichem Umfang existieren; das dürfte den Sozialpolitikern, Wohlfahrtsverbänden und Wissenschaftlern ebenso dauerhaft ein gewisses Auskommen im Geschäft mit der Armutsthematik sichern" (a.a.O., 4). Solange das Instrument aus einem Fragebogen mit 60 Fragen auf 30 Seiten besteht (zusätzlich noch Fragebögen für Familienmitglieder in noch größerem Umfang!) (vgl. a.a.O.), ist es nicht verwunderlich, dass von extremer Armut betroffene Menschen, die ggf. noch andere Schwierigkeiten (Krankheit, Analphabetismus, Obdachlosigkeit, ...) haben, kaum durch ein solches für die Mittelschicht geeignetes Erhebungsinstrument erfasst oder befragt werden können.

Dieses Beispiel zeigt, dass nicht jedes Erhebungsinstrument zur Annäherung an eine Thematik taugt. Extreme Armut bedarf anderer Forschung, sie kann kaum „vom grünen Tisch" her erfasst werden, sondern muss durch ergänzende Methoden (persönliche Befragungen, Beobachtungen u.Ä.) untersucht werden.

Als Grenzen der Messbarkeit in der Sozialen Arbeit nennt Pothmann (vgl. 2003, 24) zumindest zwei Bereiche, zum einen die Wirklichkeitsausblendungen, zum anderen den Objektivitätsmythos. Messen heißt, Bereiche der Wirklichkeit auszublenden, schließlich lässt sich soziale Wirklichkeit kaum so objektiv erfassen, wie dies die Klarheit von Statistiken und Zahlen vermuten lässt. Am Beispiel von Verfahren zur Risikoeinschätzung bei Kindesmisshandlung kann daher ein Messinstrument allein nicht als Entscheidungsgrundlage dienen: „Folglich liegt die Herausforderung bei der Anwendung der Verfahren zur Risikoeinschätzung im Besonderen, aber auch von Messinstrumenten im Allgemeinen für die Soziale Arbeit darin, Messergebnisse nur als einen Aspekt von Entscheidungsfindungen zu nutzen" (a.a.O., 25).

4.2 QUALITATIVE BZW. REKONSTRUKTIVE FORSCHUNG

„Das Verstehen und Deuten ist die Methode, welche die Geisteswissenschaften erfüllt. Alle Funktionen vereinigen sich in ihm. Es enthält alle geisteswissenschaftlichen Wahrheiten in sich. An jedem Punkt öffnet das Verstehen eine Welt" (Dilthey 2002, 65).

Wird von der erkenntnistheoretischen Position Diltheys ausgegangen, der den Sozialwissenschaften in erster Linie ein „Verstehen" zuordnete, um dieses von einem naturwissenschaftlichen „Erklären" abzugrenzen, müsste in der Sozialen Arbeit die qualitative Forschung das unumstrittene Mittel der Wahl sein, zumindest dann, wenn es um Sinnzusammenhänge und Handlungsmuster geht. Dass Soziale Arbeit jedoch auch darüber hinaus Forschungsfragestellungen hat, die nach Verallgemeinerungen suchen, wurde im vorherigen Kapitel deutlich, daher kann qualitative Forschung hier als eine weitere, jedoch nicht ausschließliche Möglichkeit der Forschung dargestellt werden. Schließlich, und das wird gerade in der Sozialen Arbeit deutlich, gibt es zwar viele vergleichbare und ähnlich gelagerte Problemkonstellationen, wenn jedoch dem ethischen Anspruch der unantastbaren Würde eines jeden Menschen Rechnung getragen wird, so lenkt dies unweigerlich den Blick auch auf den Einzelfall, der nicht typisch, nicht einsortierbar und nicht verallgemeinerbar ist. Es kann und darf der Sozialen Arbeit nicht nur um typische und standardisierte Themen gehen und dies muss sich auch in der Forschung niederschlagen: einer qualitativen Forschung, der es um ein Verstehen geht, um Handlungstendenzen und Zusammenhänge. Im Bereich der Medizin, in der es stärker um die Evidenzbasierung geht, wurde inzwischen erkannt, dass Einzelfälle mitunter auch Trends und schwerwiegende Themen aufzeigen, die erst später statistisch relevant werden: „Wäre die seltsame Immunschwächekrankheit Aids rechtzeitig entdeckt worden, wenn nicht ein paar Ärzten die seltsame Häufung eines seltenen Hauttumors aufgefallen wäre? Wie sonst kommt man seltenen Nebenwirkungen von Medikamenten auf die Spur? In den Massenstatistiken des Medizinsystems gehen diese Nuancen verloren. [...] Nicht nur randomisierte kontrollierte Studien sind wichtig. Alle Formen des Erkenntnisgewinns müssen zu ihrem Recht kommen" (Albrecht 2008, 33). Ähnliches gilt für die Soziale Arbeit in besonderem Maße: Die Betrachtung des Einzelnen in der qualitativen Studie wird diesem gerecht und kann darüber hinaus Zusammenhänge erkunden, die das Potential haben, über den untersuchten Einzelfall hinaus bedeutsam zu werden. Auch auf kommunikative Grenzen der quantitativen Studien weisst Bohnsack hin: „Das, was die intersubjektive Überprüfbarkeit – vor allem der Eingriffe der Beobachter/innen und Forscher/innen – sicherstellen soll, hat aber [...] die Konsequenz einer Beschneidung der Kommunikationsmöglichkeiten derjenigen, die Gegenstand der Forschung sind" (Bohnsack 2007, 19 f.). Qualitative Verfahren erlauben es stärker als quantitative Verfahren, in einen Dialog mit den „Erforschten" zu treten und Informationen über die Standardisierung hinaus zu erhalten. Da es der qualitativen Forschung nicht um Standards geht, wird es auch schwieriger, verbindende und allgemeine Aussagen zur qualitativen Forschung zu treffen.

4.2.1 Qualitatives Denken

Systematisch beschreibt Mayring das qualitative Denken als Hintergrund qualitativer Forschung, jedoch auch, um die „unsinnige Gegenüberstellung" (2002, 7) zwischen qualitativ und quantitativ zu überwinden. Diese Systematik macht deutlich, dass es um mehr als um das Verstehen, die andere Kommunikation oder die Einzelfallbetrachtung geht.

Mayring sieht die Wurzeln im qualitativen Denken bei Aristoteles und stellt diese der galileischen Denktradition entgegen. Wesentliche Elemente dieses aristotelischen Denkens sind (vgl. a.a.O., 12):

• Gegenstände sind im Werden und Vergehen
• Gegenstände sind auch durch Intentionen, Ziele und Zwecke zu verstehen

- Ein induktives Vorgehen (vom Besonderen zum Allgemeinen) ist erlaubt

Grundlagen qualitativen Denkens sind heute die fünf Grundsätze (a.a.O., 19 ff.):

- Subjektbezogenheit: Es geht immer um Menschen, die in ihrer Subjektivität Ausgangspunkt der Forschung sind.
- Deskription: Am Anfang der Analyse steht die exakte Beschreibung eines Gegenstandes.
- Interpretation: In den Humanwissenschaften bedarf der Untersuchungsgegenstand immer der Interpretation.
- Alltagsbezug: Gegenstände im Bereich der Humanwissenschaften müssen in ihrem natürlichen und alltäglichen Umfeld erforscht werden.
- Verallgemeinerung: Eine Verallgemeinerung von Ergebnissen bedarf der Begründung.

Diese Grundsätze werden von Mayring in insgesamt 13 Säulen qualitativen Denkens entfaltet (vgl. a.a.O., 24 ff.):

- Deskription
  - Einzelfallbezogenheit
  - Offenheit
  - Methodenkontrolle
- Interpretation
  - Vorverständnis offen legen
  - Introspektion: Analyse des eigenen Denkens, Handelns und Fühlens darf einen Raum haben
  - Interaktion zwischen Forscher und Gegenstand
- Subjekt im Alltag
  - Ganzheit
  - Historizität: Geschichte ist vorhanden und kann sich verändern.
  - Problemorientierung
- Verallgemeinerungsprozess
  - Argumentative Verallgemeinerung
  - Induktion
  - Regelbegriff
  - Quantifizierbarkeit

Damit wird zumindest versucht der qualitativen Forschung eine allgemeine Theorie zu geben, die auch (siehe Quantifizierbarkeit) Öffnungen in Richtung quantitativer Forschung zeigt. Vor diesem Hintergrund wird auch die Vielfalt qualitativer Forschung besser verstanden.

4.2.2 Vorüberlegungen

Qualitative Forschung benötigt wie jede Forschung zumindest einen Anstoß, eine Ausgangsfrage zur Forschung. Diese muss nicht zwangsläufig aus einer Hypothese bestehen, sondern kann auch einfach ein exploratives, erkundendes Interesse bedeuten. So kann es zu Beginn einer Forschungsarbeit zur Migration einfach nur darum gehen, Beweggründe und Zusammenhänge bei betroffenen Personen zu erforschen und zwar ganz ohne Vermutungen über Zusammenhänge.

Als Mindestvoraussetzung (je nach Methode können diese unterschiedlich sein) muss zum einen die Auswahl einer Methode erfolgen bzw. eine Methode entwickelt werden, zum anderen muss überlegt werden, welche Personen in eine Forschungsarbeit einbezogen werden. Dieser wichtige Schritt wird in der qualitativen Forschung als Sampling bezeichnet. Es gibt unterschiedliche Strategien, zu einem solchen Sampling zu kommen. Grundsätzlich lassen sich ein von der sich entwickelnden Theorie über den zu erforschenden Gegenstand geleitetes schrittweises Sampling, ein so genanntes theoretisches Sampling und ein statistisches Sampling, als ein von statistischen Erkenntnissen her erfolgendes Sampling unterscheiden.

Flick (vgl. 2007, 154 ff.) benennt eine Reihe von Samplingstrategien:

- A priori Determinierung: Vor Beginn der Untersuchung entwickelte Samplingstrategie
- Theoretisches Sampling
- Statistisches Sampling
- Vollerhebung
- Sampling extremer Fälle
- Sampling typischer Fälle
- Sampling maximaler Variation
- Intensitäts-Sampling
- Sampling kritischer Fälle

- Sampling sensibler Fälle
- Convenience-Sampling: Die am leichtesten erreichbaren Personen werden in die Untersuchung einbezogen.
- Primärauswahl: Alle zu untersuchenden Merkmale sind vorhanden.
- Sekundärauswahl: Die Bereitschaft zur Mitarbeit ist gegeben, aber es sind nicht alle zu untersuchenden Merkmale oder Kriterien vorhanden. Ggf. werden die untersuchten Fälle nur dann in die Untersuchung einbezogen, wenn sich nicht genügend Personen in der Primärauswahl finden.

Die unterschiedlichen Samplingstrategien weisen schon auf einen wichtigen Schritt hin, der gerade bei der qualitativen Forschung von größter Bedeutung ist: den Zugang zum Forschungsfeld. Da in der Regel die qualitative Forschung in ihrer Durchführung zeitintensiv ist, ist es schwieriger, Personen zu finden, die z.B. für ein narratives Interview zur Verfügung stehen als beispielsweise für eine standardisierte Befragung. Eine weitere Rolle spielten dabei die größeren Schwierigkeiten bei der Anonymisierung. Geht bei einer standardisierten Befragung der Einzelfall in der Menge der untersuchten Fälle unter, lässt sich gerade auf Grund der Besonderheiten des Einzelfalls dieser einfacher identifizieren. Im Falle der Migrantenforschung lässt sich eine per Fragebogen befragte Person, 54 Jahre, weiblich, die 1975 aus Anatolien in eine deutsche Großstadt kam, wesentlich schwieriger identifizieren als die gleiche Person, von der bekannt ist, dass sie vier Geschwister hat, welche genauen Umstände bei der Migration wie eine Rolle gespielt haben, und von der im Rahmen eines narrativen Interviews bekannt wurde, dass sie im Jahre 1981 im zweiten Anlauf die Führerscheinprüfung geschafft hat, in einem Dorf bei Aachen lebt usw.

4.2.3 Rekonstruktive Forschung

Innerhalb der Sozialen Arbeit beschäftigt sich der „Arbeitskreis Rekonstruktive Sozialarbeitsforschung und Biografie" mit rekonstruktiver Forschung und zielt damit auf Forschung zum stärkeren Verstehen von Sinnzusammenhängen. Gleichzeitig wird aber mit der rekonstruktiven Sozialforschung eine Beschränkung auf eine Traditionslinie von qualitativer Sozialforschung getätigt, die des konstruktivistischen Ansatzes. Daher kann mit Meuser (vgl. 2006, 140) zwar gesagt werden, dass die meisten qualitativen Verfahren sich an einer rekonstruktiven Methodologie orientieren, aber eben nicht alle. „Rekonstruktive Sozialforschung bemüht sich um einen verstehenden Nachvollzug der Relevanzstrukturen, die dem Handeln der Akteure zugrunde liegen" (a.a.O., 141), Aufgabe ist es, „die Konstruktionen der Wirklichkeit zu rekonstruieren, welche die Akteure in und mit ihren Handlungen vollziehen" (a.a.O., 140).

Beispielhaft nennt Völter (2008, 2) die dementsprechende Soziale Arbeit „verstehende Soziale Arbeit" und schränkt diese in der Tat missverständliche Bezeichnung ein: „‚Verstehen' meint hier allerdings nicht die Akzeptanz jedweder Handlung Anderer, sondern meint ein forschendes Nachvollziehen der inneren Logik von Handlungen, Deutungen, Interaktions- und Lebenskontexten" (a.a.O.). Da dieser Begriff des Verstehens zwar innerhalb der Sozialen Arbeit sicher verständlich ist, jedoch außerhalb der Profession eher zu Missverständnissen oder Vorurteilen einer mangelnden Professionalität führen wird, ist Skepsis angebracht, will doch gerade die Forschung zu einer gestärkten Professionalität führen: „Eine Soziale Arbeit, die sich als Profession versteht, welche diese lebensgeschichtlichen Erfahrungen und Selbstdarstellungen produktiv nutzt, um Menschen ‚ganzheitlich' wahrzunehmen und ihnen darüber hinaus ein Selbstverstehen und ein selbstverantwortliches Handeln zu erleichtern; und die schließlich nicht nur Expertin in Fremdreflexion sein will, sondern auch systematisch und methodisch kontrolliert die Selbstreflexion der eigenen professionellen Praxis betreibt" (a.a.O.). Vor diesem Hintergrund entwirft Völter die Erlangung von „ethnografischer Kompetenz und Bildung" (a.a.O.) als wichtige Aufgabe im Studium.

Angewendet wird qualitative Forschung im Bereich der Sozialen Arbeit sowohl im Bereich der Wissenschaft, als Forschung über anonyme Akteure und soziale Welten, im Bereich der Selbstbeforschung als Forschung über die eigene Praxis und schließlich als Methode der Sozialen Arbeit, bei der es darum geht, mit Adressaten Sozialer Arbeit zu forschen (vgl. Völter 2008, 3). In die hier vorgestellte Systematik kann qualitative Forschung mit dem gleichen Recht wie quantitative

Forschung als Forschungsmethode in allen für die Soziale Arbeit relevanten Bereichen gesehen werden, sowohl im Bereich der Evaluation
als auch im Bereich der Handlungsforschung und schließlich auch in
der Grundlagenforschung.

Die Vielfalt qualitativer Methoden ist nahezu unerschöpflich, lässt
sich aber im Groben in verschiedene Bereiche unterteilen, so kann
mit Flick (vgl. 2007) eine Einteilung in verschiedene Datenerhebungs-
bereiche vorgenommen werden:

- verbale Daten
- Beobachtung und mediale Daten
- Textinterpretation

In diese Kategorien lassen sich dann Befragungen, Ethnografie, Interviews, Inhaltsanalysen, Videoanalysen und viele andere mögliche
Methoden einordnen. In qualitativen Verfahren sind auch Computerprogramme gebräuchlich, die die Arbeit unterstützen und auch
zu weiteren Standardisierungen beitragen, solche Programme sind
jedoch eher mit Textverarbeitungsprogrammen zu vergleichen als
die in der quantitativen Forschung gebräuchlichen Programme wie
SPSS, Online-Befragungsprogramme oder Verbindungen zwischen
beiden wie GrafStat.

An dieser Stelle sei noch auf die Besonderheiten der rekonstruktiven
Forschung verwiesen, die hier als (großer) Teilbereich der qualitativen
Forschung behandelt wird. Der Begriff der Rekonstruktion weist auf
zweierlei Rekonstruktionen sowohl beim Erforschten als auch beim
Forschenden hin: Es geht dem Forscher vor der eigenen Konstruktion
darum, den Alltag der Erforschten zu rekonstruieren: „Hierzu ist eben
Voraussetzung, dass denjenigen, die Gegenstand der Forschung
sind, Gelegenheit gegeben wird, ihre Konstruktionen und ihr kom-
munikatives Regelsystem zu entfalten. Dies ist die eine Bedeutung
der Rekonstruktion, der rekonstruktiven Verfahren. Sie bezieht sich
auf den Alltag derjenigen, die Gegenstand der Forschung sind. Die
andere Bedeutung ergibt sich dann, wenn wir uns vergegenwärtigen, dass auch die Forschung, die Arbeit des Wissenschaftlers, ihre
Alltagspraxis hat. Forschung vollzieht sich als Alltagshandeln des
Wissenschaftlers" (Bohnsack 2007, 24).

Am Beispiel der dokumentarischen Methode kann mit Bohnsack eine mehrschrittige Rekonstruktion bzw. Interpretation in vier Stufen beschrieben werden:

- Formulierende Interpretation: Verbleiben innerhalb des Relevanzsystems, z.B. innerhalb der Gruppe. Der Rahmen wird nicht explizit gemacht.
- Reflektierende Interpretation: Sichtbarmachen des Rahmens, Vergleiche, Kontingenzen werden sichtbar.
- Diskursbeschreibung: nach der Zergliederung in all seine Komponenten erfolgen an dieser Stelle eine Zusammenfassung und eine Art Nacherzählung.
- Typenbildung: „Während für die Diskursbeschreibung die Gesamtcharakteristik des Falles oberster Bezugsrahmen bleibt, erhalten im Zuge der Ausformulierung der Typologie die Fälle den Stellenwert von Dokumenten und Exemplifizierungen einer Typik" (a.a.O., 51).

Im Rahmen der Erforschung einer Jugendkultur, z.B. der Gothics, bedeutet dies im ersten Schritt nur eine Interpretation im Sinn- und Wertesystem der Gruppe selbst, im zweiten Schritt die Nutzung des gesellschaftlichen Rahmens und der Vergleich mit anderen Jugendkulturen und -szenen. Bei der Diskursbeschreibung geht es um eine Nacherzählung, bevor die Gothicszene als besondere Typologie beschrieben wird.

In einem Überblick über die Forschung in der Sozialen Arbeit kommt Müller (2007, 173) zu dem Schluss: „Der Rückblick auf die Forschungsgeschichte der Sozialen Arbeit zeigt, dass empirische Sozialwissenschaftliche Untersuchungen über Hilfsbedürftigkeit und ihre möglichen Ursachen von Anfang an eine große Rolle gespielt haben. Dass aber gleichzeitig die Ursachenforschung anfällig gegen ideologiegefärbte Vorurteile unterschiedlicher Art war, die auch heute wieder (etwa bei Spekulationen über Persönlichkeitsmerkmale in der wiederentdeckten ‚Unterschicht') virulent werden". Für die qualitative Forschung bedeutet dies die ständige Mahnung, die eigenen Interpretationen auf ihre wissenschaftliche Grundlage ebenso wie auf das Menschenbild hin zu hinterfragen.

4.2.4 METHODEN QUALITATIVER SOZIALFORSCHUNG

Es gibt gerade bei der qualitativen Forschung naturgemäß eine ständig wachsende Anzahl von Methoden. Eine Einteilung bietet Flick (vgl. 2007), der zwischen der Erforschung verbaler Daten, der Beobachtung und der Textinterpretation unterscheidet, nachfolgend jeweils einige Beispiele:

- Verbale Daten
  - Leitfadeninterview
  - Erzählung
  - Gruppenverfahren
- Beobachtung und mediale Daten
  - Beobachtung und Ethnografie
  - Visuelle Daten
  - Mediale Daten
- Textinterpretation
  - Kodierung und Kategorisierung
  - Konversations- und Diskursanalysen
  - Narrative und hermeneutische Analysen
  - Computer/Software

Moser (2005, 128) unterscheidet bei den Methoden zwei verschiedene Ebenen, zum einen das gefragte oder zu erforschende Wissen und zum anderen die jeweiligen Settings, dementsprechend werden die Methoden dann in eine Matrix eingeordnet. Beim Wissen nennt er

- Faktenwissen, „Tatsachen"
- Ereigniswissen, „singuläre Ereignisse, Prozessabläufe"
- Regelwissen, „Normen"

Bei den Settings werden unterschieden

- Herstellung von Situationen
- Erfassung vorliegenden Handelns
- Informationen aus der Projektumwelt.

In dieser Logik liegt im Feld Ereigniswissen/Herstellung von Situationen das Experteninterview als Methode und im Feld Regelwissen/vorliegendes Handeln z.B. die Methode der Soziometrie.

4.2.5 DATENERHEBUNG

Bevor Daten erhoben werden, ist es unter Umständen erforderlich, sofern mehrere Personen die Forschung durchführen, sich über das Vorgehen im Feld zu verständigen: Wie weit wird die eigene Meinung eingebracht? Wie lange soll ein narratives Interview dauern? Wer befragt/beobachtet wen? Welche Texte, Dokumente werden in eine Analyse einbezogen, welche nicht? Je nach Methode ergibt es einen Sinn für die Auswertung, Standards abzusprechen und zu vereinbaren oder die Intersubjektivität dadurch zu gewährleisten, dass mehrere Personen in die Untersuchung als Beobachter o.Ä. einbezogen werden.

In der qualitativen Forschung lässt sich (siehe auch Handlungsforschung) die Datenerhebung oft nicht klar von der Auswertung abgrenzen. Die Art der Datenerhebung in der qualitativen Sozialforschung ist im Wesentlichen von der Methodenwahl abhängig, in ihrer Ausrichtung aber offen. Trotz der Vielfalt der einzelnen Methoden steht die Methodik hier eher im Hintergrund. Stärker ist das Interesse am „Verstehen", an Handlungs- und Wirkungszusammenhängen ausgeprägt. Kromrey (2006, 548) sieht die Datenerhebung der qualitativen Forschung stärker im Vertrautmachen mit der Alltagswelt der Erforschten mit offenen und flexiblen Verfahren: „Statt auf standardisierte Datenerhebungsverfahren greift die qualitative Sozialforschung daher auch eher auf so genannte ‚weiche Verfahren' wie Gruppendiskussion, narrative Interviews, unstandardisierte Beobachtung usw. zurück, da diese der ‚Subjektivität' der Erforschten mehr Raum geben und somit das Kriterium der *Angemessenheit* besser erfüllen als stärker standardisierte Instrumente".

4.2.6 DATENAUFBEREITUNG

Sind die Bezeichnungen Datenbereinigung und Datenaufbereitung doch eher Bezeichnungen, die Bestandteil der quantitativen Forschung sind, so arbeitet doch auch die qualitative Forschung mit Daten und Phänomenen, die freilich weit weniger aus Zahlen bestehen als dies in der quantitativen Forschung der Fall ist. Nach Durchführung der wie auch immer gearteten Methode ist zunächst einiges an Material vorhanden: Texte oder Aufzeichnungen, ggf. mediale Aufzeichnungen, Fotos, Video oder Ähnliches.

Diese können jedoch kaum direkt einer Auswertung zugeführt werden, sondern müssen dafür bearbeitet bzw. aufbereitet werden. Dazu bieten sich verschiedene Schritte an, die in der qualitativen Sozialforschung unternommen werden.

Als die Übertragung von gesprochenem Wort auf geschriebenen Text wird die Transkription bezeichnet. Nach festen Regeln wird in unterschiedlicher Tiefe z.B. ein Tonbandmitschnitt abgeschrieben. Dabei ist es möglich, den Text „einfach" abzuschreiben (wörtliche Transkription), ihn nach Transkriptionsregeln abzuschreiben (Längen, Betonungen, Auslassungen werden dargestellt, kommentierte Transkription) oder in einer weiteren Analysetiefe (Partitur) verbunden mit Gestik und Mimik darzustellen. Darüber hinaus sind auch die weniger aufwändigen und stärker zusammenfassenden Formen des zusammenfassenden Protokolls (zusammenfassende Inhaltsanalyse) oder des selektiven Protokolls (nach Kriterien ausgewähltes Material) gebräuchlich (vgl. Knoblauch 2006, 159 f. bzw. Mayring 2002, 89 ff.).

Beispiele aus so genannten Transkriptionskonventionen nennt Knoblauch (vgl. 2006, 160):

(2,0)	Pause in Sekunden
(–)	sehr kurze Pause (unter einer Sekunde)
LAUT	laut gesprochen
‚leise'	leise gesprochen
betont	betont gesprochen
ge::	gedehnt gesprochen
((laut))	Anmerkung des Transkripienten
{ }	Beginn bzw. Ende eines nonverbalen Aktes

*Abbildung 9: Transkriptionskonvention, Beispiele
(vgl. Knoblauch 2006, 160)*

Durch die Transkription wird zwar einiges zu Papier gebracht, zur Auswertung und Interpretation sind jedoch noch weitere Schritte notwendig, z.B. ist eine Kodierung notwendig. Es geht darum, Daten und Phänomene mit Begriffen zu bezeichnen. Wird z.B. in einem Interview die Aussage getätigt: „Ich fühle mich immer so niedergeschlagen, habe keinen Antrieb und die anderen empfinde ich als Druck", so kann eine solche Aussage z.B. kodiert werden als „depressive Grundhaltung". Zur Kodierung sind eine Reihe von Möglichkeiten vorhanden: die offene Kodierung für besonders aufschlussreiche Textstellen, die axiale Kodierung mit Bezug auf für die Auswertung viel versprechenden Bedeutungsachsen oder -kategorien (z.B. die Achse: Ursachen – Wirkungen) oder das selektive Kodieren zur Herausarbeitung von Kernkategorien. Diese drei Möglichkeiten werden als Schritte in einem Prozess der Kodierung genannt (vgl. Flick 2007, 386 ff.).

Bei der Kategorisierung werden Aussagen zu Gruppen zusammengefasst. Bei Interviews zum Thema „Geschichte der psychosozialen Behandlung einer Suchtkrankheit" beispielsweise werden alle getätigten Aussagen zu einem stationären Aufenthalt in die Kategorie „stationäre Behandlung" gruppiert. Innerhalb dieser Kategorie können dann Gemeinsamkeiten und Unterschiede dargestellt und bearbeitet werden. Eine weitere Möglichkeit besteht in der Typenbildung, beispielsweise dadurch, dass Idealtypen auf Grund der Untersuchungen und weiterer Erkenntnisse gebildet werden.

Eine Möglichkeit des Einbezugs der erforschten Personen ist die „kommunikative Validierung", d.h. die Bekanntgabe der Ergebnisse an die Untersuchten mit der Möglichkeit der Untersuchten, darauf eine Rückmeldung zu geben. An der kommunikativen Validierung kann kritisiert werden, dass durch die „Befangenheit" der betroffenen Personen Ergebnisse verzerrt werden und dadurch die Distanz der Wissenschaft verlorengeht.

Sind solche Schritte unternommen, kann die Interpretation mit Methoden der qualitativen Analyse erfolgen (siehe dazu Kapitel 7.2).

4.2.7 GÜTEKRITERIEN

Es wäre zu einfach, die Gütekriterien, die bereits bei der quantitativen Sozialforschung an Grenzen stoßen (siehe z.B. die Wiederholbarkeit der Forschung) auf die qualitative Forschung anzuwenden. Mayring (2002, 144 ff.) beschreibt sechs allgemeine Gütekriterien für die qualitative Forschung:

• Verfahrensdokumentation: Nachweis der Verfahrensweise für den Leser

- argumentative Interpretationsabsicherung: Anknüpfung des Forschers an den Erfahrungen der Erforschten
- Nähe zum Gegenstand
- Triangulation: Kombination verschiedener Verfahren und Analysen
- kommunikative Validierung: Diskussion der Ergebnisse mit den Erforschten
- Regelgeleitetheit: nachvollziehbare Dokumentation der Methoden- und Auswertungsschritte

Flick (2007, 488ff.) nennt folgende Gütekriterien:

- Selektive Plausibilisierung
- Reliabilität
- Prozedurale Reliabilität
- Validität
- Objektivität

Zusätzliche alternative Kriterien:

- Vertrauenswürdigkeit, Glaubwürdigkeit, Verlässlichkeit
- Prozedurale Verlässlichkeit: Auditing

Kritisch fragt Flick bei der Anforderung, die von außen an die qualitative Sozialforschung gestellt wird: „Sollten wir Kriterien anstreben, oder brauchen wir nicht eher Strategien der Qualitätssicherung?" (2007, 508). Prinzipien eines Qualitätsmanagements der qualitativen Forschung könnten sein (vgl. a.a.O., 528 f.):

- klare Zielfestlegung
- Festlegung der Wege zu den Zielen
- Festlegung der Verantwortlichkeiten für die Qualität in der Forschung
- Transparenz der Beurteilung und Sicherstellung der Qualität

4.3 INTEGRIERTE FORSCHUNGSANSÄTZE

Eine alleinige Nutzung quantitativer oder qualitativer Forschungsansätze führt, wie bereits bei den beiden grundlegenden Forschungsansätzen beschrieben, an Grenzen. Entweder sind Zusammenhänge nicht verallgemeinerbar oder aber Berechnungen laufen ins Leere, weil sie die kausalen Zusammenhänge nicht abbilden. Aus diesem Grund macht es Sinn, beide Möglichkeiten der Erkenntnisgewinnung miteinander in Beziehung zu setzen. Dabei würde es den Grundsätzen der jeweiligen Forschungsansätze nicht gerecht, diese einfach zu mixen oder das eine oder andere Verfahren als „Vorstudie" der anderen zu sehen. Weder ist die quantitative Forschung die wahre Forschung, die Unterstützung durch eine qualitative Vorstudie benötigt und womöglich noch identisch ist mit einem Pretest, noch ist die qualitative Forschung das Ei des Kolumbus, die zur Verallgemeinerung notwendigerweise noch einiger statistischer Grundlagen bedarf.

Eine Verknüpfung der beiden Verfahren ist von dem jeweiligen Erkenntnisinteresse und der Forschungsfrage abhängig. Ein reines Mixen beider Bereiche scheidet dabei ebenso aus wie die Forschungsvorliebe des Forschenden („ich mag keine Statistik, also forsche ich qualitativ" oder „Interpretationen sind zu subjektiv, ich verlasse mich lieber auf handfeste Zahlen"). Beide genannten Möglichkeiten werden einem wissenschaftlichen Anspruch nicht gerecht.

Als Verbindung zwischen quantitativer und qualitativer Sozialforschung werden im Wesentlichen drei Wege beschritten: der Weg der „mixed methods", der der Triangulation und schließlich der einer Integration. Der Weg der „mixed methods" trägt zumindest den Verdacht, dass eine Vermischung aus Anteilen beider Verfahren deren theoretische Grundlagen und auch deren entwickeltes „Handwerkszeug" verwässert und weder einer systematischen Erkenntnisgewinnung noch den jeweils hohen Qualitätsstandards gerecht werden kann. Daher sollen „mixed methods" an dieser Stelle nicht weiter ausgeführt werden.

Sinnvoller erscheinen die Triangulation, von zwei Seiten einen Forschungsgegenstand zu betrachten, oder der Weg der Integration, einer sinnvollen Verknüpfung nicht nur beider Methoden, sondern auch der dahinterliegenden erkenntnistheoretischen Konstrukte.

4.3.1 TRIANGULATION

„Triangulation beinhaltet die Einnahme unterschiedlicher Perspektiven auf einen untersuchten Gegenstand oder allgemeiner: bei der Beantwortung von Forschungsfragen" (Flick 2008, 12). Eine solche

Betrachtung von unterschiedlichen Perspektiven kann in zumindest
vier verschiedenen Formen stattfinden:

Form	Erläuterung
Daten-Triangulation	Einbeziehun unterschiedlicher Datenquellen
Investigator-Triangulation	Unterschiedliche Beobachter bzw. Interviewer
Theorien-Triangulation	Nutzung verschiedener Theorien
Methoden-Triangulation	Nutzung verschiedener Methoden

*Abbildung 10: Formen der Triangulation (vgl. Flick 2008, 13 ff.
                in Anlehnung an Denzin)*

„Triangulation liefert nicht übereinstimmende oder einander widerspre-
chende Abbildungen des Gegenstandes, sondern zeigt unterschied-
liche Konstruktionen eines Phänomens – etwa auf der Ebene des
Alltagswissens und auf der Ebene des Handelns – auf" (Flick 2008,
25). Dabei geht es nicht um eine Verkürzung einer Methode oder
Sicht, sondern um die Einbeziehung unterschiedlicher Perspektiven.
Ohne dies so genannt zu haben, hat die Studie „Die Arbeitslosen von
Marienthal" (vgl. Jahoda u.a. 1975) bereits 1933 in diesem Sinne
verschiedene Perspektiven eingenommen und sowohl statistische
Daten als auch die subjektiven Einstellungen der von Arbeitslosigkeit
betroffenen Einwohner von Marienthal erhoben, ebenfalls wurden
unauffällige Beobachtungen sowie standardisierte Befragungen in
die Studie einbezogen.

    Quantitative und qualitative Methoden sind aus mehreren Gründen
aufeinander angewiesen: „... viele Explananda sozialwissenschaftlicher Erklärungen [...] können nur mit Hilfe quantitativer Methoden
identifiziert und beschrieben werden" (Kelle 2007, 109), weil es zur
Darstellung von Zusammenhängen statistischer Verfahren bedarf.
„Jede Forschungsstrategie, die sich hypothetischer Schlussfolgerungen
bedient, ist [...] auf zusätzliche Verfahren methodischer Kontrolle angewiesen, mit denen die so entwickelten Hypothesen weiter geprüft
werden können" (a.a.O., 130). Qualitative Methoden sind notwendig
„zur Identifikation handlungsleitender Regeln begrenzter Reichweite"
(a.a.O., 140). Quantitative Methoden können vor, während und nach

einer qualitativen Studie von Bedeutung sein, indem sie einen Stichprobenrahmen bieten, feststellen, ob Bedingungsformen tatsächlich vorkommen oder den Geltungsbereich der Studie untersuchen können (a.a.O., 149). Zusammengefasst: „Qualitative und quantitative Methoden haben jeweils spezifische Stärken im Umgang mit Kausalität: während nur quantitative Methoden geeignet sind, um „schwache" Kausalbeziehungen mit Hilfe probabilistischer Modelle abzubilden, können unbekannte kausale Bedingungen und common causes oft nur durch qualitative Forschung gefunden werden" (a.a.O., 151).

Die Triangulation erlaubt die richtungsgeleitete Nutzung verschiedener Verfahren in ihren Stärken sowohl innerhalb einer paradigmatischen Richtung als auch zwischen den verschiedenen Richtungen. Sie stellt allerdings die jeweiligen Paradigmen und Leitlinien nicht in Frage, sondern sucht deren Bezug zueinander und zwar stärker im methodisch-praktischen Bereich.

4.3.2 INTEGRATION

Die Integration von quantitativer und qualitativer Forschung versucht aus der historischen Analyse der Auseinanderentwicklung beider Forschungsrichtungen, beide Forschungsrichtungen als „Werkzeuge der Erkenntnisgewinnung" (Kelle 2007, 263) zu begreifen, die nur in einem Miteinander die für die Sozialwissenschaftlichen spezifischen Erkenntnisse ermöglichen kann. Dieses Miteinander wird von Kelle (vgl. a.a.O., 263 ff.) als methodologisches Programm entwickelt, das vor allem aus vier grundlegenden Überlegungen besteht:

1. Ein Prinzip von Verhältnis zwischen Ursache und Wirkung, das berücksichtigt, dass es in den Sozialwissenschaften keine zeit- und kontextunabhängigen deterministischen Zusammenhänge gibt, sondern allenfalls Wahrscheinlichkeiten untersucht werden können. Und dies obwohl immer versucht wird, durch Handlungen Wirkungen zu erzeugen, die über den Kontext hinaus bedeutsam sind. Außerdem muss davon ausgegangen werden, dass jede Person „immer auch anders entscheiden könnte" im Sinne eines freien Willens. Autonomes Handeln ist aber mit den individuellen Handlungsbedingungen des Einzelnen verknüpft, die nie ganz erforschbar sind. Zusammengefasst nennt Kelle dies „ein nicht-

nomothetisches Kausalitätssystem, mit dessen Hilfe Strukturen begrenzter Reichweite als lokale Kausalstrukturen beschreibbar werden" (a.a.O., 264). Obwohl die o.g. Einschränkungen für eine Kausalität vorhanden sind, bleiben sie doch in ihren Strukturen beschreib- und damit erforschbar.

2. Die Trennung zwischen Erklärung und Verstehen wird als eine künstliche verstanden, die sich zudem nur auf einen Teil von faktisch wirksamen Bedingungen bezieht. Es geht bei der Suche nach Erkenntnissen in der Forschung nicht nur darum, statistische Zusammenhänge zu erklären, sondern auch um das Verstehen kausaler Verbindungen zwischen einzelnen Variablen. Genau wie es nicht nur um ein Verstehen im Einzelfall geht, sondern auch um die Möglichkeiten der Generalisierung und der Einschätzung des Maßes solcher Beziehungen. Eine Integration geht von einer *verstehenden Erklärung* als Möglichkeit des Sinnverstehens aus (vgl. a.a.O., 264).

3. Eine weitere künstlich verfolgte Trennung ist die zwischen einer theoriegeleiteten Untersuchung und einer theoriebildenden Forschung. Einem narrativen Interview liegt eine handlungsleitende Theorie genauso zu Grunde, wie eine standardisierte Fragebogenerhebung Theorie entwickeln und bilden kann. In der Sozialen Arbeit kann nicht behauptet werden, dass die qualitative Untersuchung von Zusammenhängen zwischen Alkoholismus der Eltern und der Schulleistung der Kinder nur qualitativ untersucht werden muss, um anschließend durch eine quantitative Fragebogenerhebung „nur noch" das Ausmaß bestimmen zu können. In beiden Fällen wird Theorie vorausgesetzt, in beiden Fällen können sich aus der Forschung heraus Theorien entwickeln.

4. In einem methodologischen Modell der Integration werden Schwächen beider Forschungsverfahren überwunden, indem ein Bezug aufeinander hergestellt wird. In drei Schritten werden die zu erforschenden Gegenstände beschrieben, Theorieansätze und Erforschungsinstrumente für die zu untersuchenden Phänomene konstruiert und schließlich die Geltungsreichweite durch zusätzliches Material überprüft (vgl. a.a.O., 281). „Ein integratives methodologisches Programm vermeidet also die Mängel des

hypothetiko-deduktiven und des induktivistischen Ablaufmodells sozialwissenschaftlicher Forschung, indem es berücksichtigt, dass im gesamten Untersuchungsprozess sowohl Methodologien der Theorienprüfung als auch Methodologien empirisch begründeter Theoriebildung benötigt werden" (a.a.O., 282). Die Integration geht ein Stück weiter als die Triangulation, indem sie an den erkenntnistheoretischen Grundlagen ansetzt und an dem gemeinsamen Interesse aller Richtungen, Erkenntnisse zu gewinnen. Zweckgerichtet erfolgt eine Integration beider Modelle zu einem jeweiligen Optimum für die betreffende Forschungsfrage. Die Integration macht es erforderlich, beide grundlegenden Forschungsrichtungen hinreichend zu kennen und anwenden zu können.

4.3.3 Beispiel Wirkungsforschung

Gerade die Debatte über die Wirkungen der Sozialen Arbeit zeigt die Notwendigkeit eines breiten Methodenspektrums und der Verknüpfung von quantitativen und qualitativen Methoden. Wirkung kann nicht allein durch ein quantitatives Messwerk oder feste Skalen erforscht werden.

Ist Soziale Arbeit von ihrer Natur und ihrer Ausrichtung aus von jeher an einer Wirkung beim Individuum oder der Gesellschaft ausgerichtet, so muss doch konstatiert werden, dass die Frage nach der Wirkung in jüngerer Zeit sehr stark vom Kostendruck der öffentlichen Geldgeber bestimmt wird und bestimmt ist. In Zeiten knapper Kassen werden gerade diejenigen Haushaltsposten einer stärkeren Beobachtung unterworfen, die eine geringere Lobby haben und die durch herrschende Instrumente der Orientierung auf eindeutige Wirkungszusammenhänge und Wirtschaftlichkeit am einfachsten in Frage gestellt werden können. In diesem Kontext lässt sich der Auszug aus dem Koalitionsvertrag von 2005 lesen: „Jugendhilfe sollte sich auch unter Effizienzgesichtspunkten entsprechend weiterqualifizieren; dringend muss die Lücke im Bereich der Jugendhilfe-Wirkungsforschung geschlossen werden; Jugendhilfe muss ihre Erfolge auch mit ‚harten Fakten' beweiskräftiger machen" (CDU u.a. 2005, 125).

Auch aus Sicht der Fachlichkeit muss die Wirkung stärker erforscht werden, und zwar als in die Praxis eingebundenes Instrument, wie es etwa Christa (2006, 100) durch ein Wirkungscontrolling fordert: „Im Rahmen eines Personal- und Qualitätsmanagements auf der Ebene jeder einzelnen Einrichtung bzw. Trägerschaft ist ein Wirkungscontrolling erforderlich, um flankierend hierzu die individuelle Qualität nachweisen bzw. weiterentwickeln zu können".

Ansätze einer Wirkungsforschung, wie sie in den USA und anderen Ländern unternommen werden, sind allerdings auch umstritten, viele Forschungsergebnisse sind auf zweifelhafte Weise zustande gekommen oder nicht richtig dokumentiert (vgl. Schrödter und Ziegler 2007). Dennoch ist der „Gebrauchswert" der Wirkungsforschung ein hoher: „Denn eine Maßnahme, die nicht wirksam ist, ist – unabhängig davon, wie viel sie kostet – eine teure Maßnahme. Dabei geht es nicht einmal nur um Geld, sondern auch um die Zeit, die Arbeitskraft und das Engagement in der Regel gut ausgebildeter, kompetenter Professioneller" (a.a.O., 5).

Um eine Wirkung einer Intervention zu untersuchen, müssen zumindest zwei Grundvoraussetzungen gegeben sein:

a) Messungen müssen zu zwei Zeitpunkten erfolgen.
b) Externe Effekte müssen ausgeschlossen oder zumindest minimalisiert werden.

Für die Praxis heißt das, dass bei der Erforschung der Wirkung von Erziehungshilfen bei einem Jugendlichen der Zustand vor der Erziehungshilfe ebenso erhoben werden muss wie nach der Erziehungshilfe. Weiterhin muss genau beschrieben werden, welche der zum zweiten Zeitpunkt beobachteten Wirkungen der Erziehungshilfe zuzurechnen sind und welche nicht. Dazu hilft es, die Ziele genau zu beschreiben und zu definieren. An dieser Stelle ist es bedeutsam, zwischen dem Ergebnis (unmittelbar nach der Hilfe) und der Wirkung (längerfristig) zu unterscheiden.

„Gewarnt sei jedoch vor einem rein empiristischen Wirkungsindikatorenfetischismus, der die eigene Praxis vermeintlich direkt und unmittelbar anleiten kann. [...] Wirkungsforschung kann ein wichtiges Element sein, um zu begründbaren und vertretbaren Entscheidungen zu gelangen. Wir empfehlen, die Ergebnisse der Wirkungsforschung so zu verwenden. Wir raten jedoch dringend von den unseriösen Versuchen ab, aus den Ergebnissen

der Wirkungsforschung unmittelbar praktische Entscheidungen
abzuleiten und damit die prinzipielle Unbestimmtheit professionellen Ermessens zu zerstören" (a.a.O., 43).

Auf Grund dieser Begrenzungen sollte gerade bei der Wirkungsforschung Sozialer Arbeit eine Kombination von quantitativen und qualitativen Forschungsverfahren genutzt werden, um zum einen Daten
und Fakten zu generieren, zum anderen dem Forschungsgegenstand
gerecht zu werden. Gerade die Wirkungsforschung kann nur dann
hinreichende Ergebnisse bringen, wenn sie umfassende analytisch
haltbare Erkenntnisse ermöglicht.

4.4 Weiterführende Literatur

Kelle, Udo 2007: Die Integration qualitativer und quantitativer Methoden in
    der empirischen Sozialforschung. Theoretische Grundlagen und metho-
    dologische Konzepte, Wiesbaden

Mayring, Philipp 2002: Einführung in die Qualitative Sozialforschung. Eine
    Anleitung zum qualitativen Denken. Weinheim

Raithel, Jürgen 2006: Quantitative Forschung. Ein Praxiskurs, Wiesbaden

5. DESIGNS VON FORSCHUNG: ABLÄUFE PLANEN

Nach der allgemeinen Darstellung der einzelnen Forschungstypen und -verfahren sollen in diesem Kapitel die allgemeinen Anlagen und Designs von Forschung näher betrachtet werden, auch vor dem Hintergrund des zu erwartenden Aufwandes bei einer Forschungsarbeit. Wie bereits ausgeführt geht es in der Forschung nicht darum, jeden Schritt genau nach einem Lehrbuch abzuarbeiten, sondern im Sinne eines Designs, einer Gestaltung, bereits vor den ersten Schritten der Forschung einen auf die Forschungsfragestellung abzielenden Ablauf zu planen, zunächst sich zu einem linearen oder zirkulären Prozess zu entschließen, um diesen dann in seinen Schrittfolgen zu planen und zu strukturieren. Designs können auch als Untersuchungspläne verstanden werden (vgl. Mayring 2002, 40).

5.1 PROZESSE

Bei der Vorüberlegung zur Gestaltung eines Forschungsprojektes müssen Prozesse überlegt, entworfen und aufeinander abgestimmt

werden. Wann muss wer wo beteiligt sein? Welche Rahmenbedingungen sind zu beachten? (Zugang zum Feld, Zustimmungen in
Organisationen, Ressourcen).

Grundsätzlich lassen sich zum Verlauf einer Forschung zwei
verschiedene Prozessarten unterscheiden. Zum einen der lineare
Prozess, der verschiedene Schritte in einem mehr oder weniger
strengen Ablauf nacheinander verfolgt, und ein zirkulärer Prozess,
der ggf. mit verschiedenen Rückkopplungsschleifen verbunden eher
kreisförmig abläuft (siehe hier u.a. auch die Ausführungen zur Handlungsforschung). In einem solchen zirkulären Prozess können auch
viele verschiedene Schritte parallel nebeneinander erfolgen. Bei beiden
Formen müssen je unterschiedliche Planungen vor dem Einstieg in
die Untersuchungen durchgeführt werden. Gerade in der qualitativen
Forschung ist es naturgemäß schwierig, diesen in verschiedene Phasen aufzuteilen. Die Stärke dieser Methodik liegt oft gerade in der
gegenseitigen Verzahnung (vgl. Flick 2007, 130).

5.2 Forschungsdesigns

Mit dem Begriff des Forschungsdesigns ist in der Regel nichts anderes
gemeint als der konkrete geplante Ablauf eines Forschungsverlaufes in
seinen verschiedenen Komponenten und mit seinen entsprechenden
Rahmenbedingungen. Vergleichbar einem Experiment in der Chemie
könnte man auch sehr pointiert und verkürzt von der „Versuchsanord-
nung" sprechen, der Zusammensetzung, der Folge und der Erforder-
nisse bei der Durchführung der Forschung.

Forschungsdesigns sind in der empirischen Forschung sehr vielfältig:
während in der quantitativen Forschung meist lineare Zusammenhänge
die Regel sind, sind bei der qualitativen Forschung sowohl lineare als
auch zirkuläre Designs denkbar.

Ein vereinfachtes Design, das sich auf Entdeckungs-, Begründungs-
und Verwertungszusammenhang beschränkt, zeigt die folgende
Übersicht:

Entdeckungszusammenhang	Problemformulierung Forschungsfrage
Begründungszusammenhang	Konzeptualisierung Erhebungvorbereitung Pretest der Erhebungsinstrumente Datenerhebung Datenaufbereitung Datenanalyse
Verwertungs- und Wirkungszusammenhang	Interpretation Dokumentation Präsentation Verbreitung, Veröffentlichung Verwendung der Ergebnisse Enticklungen, Veränderungen Wirkungen

Abbildung 11: Forschungsphasen

ENTDECKUNGSZUSAMMENHANG

Zu Beginn der Forschung steht das Interesse des Forschenden, sozusagen die wissenschaftliche Neugierde, die sich in einem Problem und dessen Formulierung und/oder einer Forschungsfrage verdichtet. In dieser werden Hypothesen über den Forschungsgegenstand gebildet (z.B. „Armut im Stadtteil x ist abhängig von der Wohnqualität" oder „je größer der Familienzusammenhalt, desto geringer die Jugendkriminalität"). Diese Hypothesen sind nichts anderes als vermutete Zusammenhänge, die sich am Ende der Studie (nur auf diese bezogen) bewahrheiten (vorläufige Bestätigung) oder aber als falsch verworfen werden können (Falsifikation). Popper als Vertreter des Kritischen Rationalismus geht davon aus, dass das entscheidende Merkmal der Wissenschaftlichkeit die Kritik, die Falsifizierbarkeit ist, der Versuch jedoch, eine Theorie vor der Falsifikation zu retten, gehöre in das vorwissenschaftliche Denken (vgl. 1995, 27), daher kann Wissenschaft keine endgültigen Wahrheiten „produzieren".

BEGRÜNDUNGSZUSAMMENHANG

Im zweiten großen Bereich des Begründungszusammenhangs wird die Forschungsfrage zu einem Forschungsdesign verarbeitet (Operationalisierung). Die Frage ist, wie die Forschungsfrage erforscht werden kann, mit welchen Methoden, mit welchen Fragestellungen: Welche Merkmale (Variablen) können z.B. für Familienzusammenhalt stehen und wie können diese wahrgenommen werden (Indikatoren)? Wenn das Konzept der Untersuchung steht, müssen die Erhebungsinstrumente entwickelt werden (Beobachtungsaufgaben, Fragen, ...). Bevor diese in der Datenerhebungsphase in der Praxis genutzt werden, sollten Sie unbedingt in einem Pretest einer Überprüfung auf Verständlichkeit, Vollständigkeit, Anwendbarkeit unterzogen werden. Sind diese umfangreichen Vorbereitungen getroffen, wird die eigentliche Untersuchung im engeren Sinne durchgeführt. Es werden Daten erhoben. Im Schritt der Datenaufbereitung werden diese bereinigt (Klärung, wie mit unvollständigen Fragen umgegangen wird; wie werden widersprüchliche Daten genutzt? Welche Daten werden überhaupt in der Datenanalyse genutzt?). Die Datenanalyse ist dann in der Regel die Stunde (selbst in Zeiten der Computerprogramme ist „die Stunde" dabei nicht wörtlich zu nehmen!) der Statistik. In verschiedenen Stufen werden Häufigkeiten ermittelt, statistische Zusammenhänge beschrieben und weitergehende statistische Methoden angewandt, die Kennzahlen ermöglichen. Bei der Interpretation der Ergebnisse werden die statistischen Daten interpretiert ((Was heißt z.B. die positive Korrelation von Alter der Studierenden zur Studienzufriedenheit? (wenn es eine solche gäbe)). In der qualitativen Forschung erfolgt die Datenerhebung und Datenaufbereitung in ähnlicher Art und Weise. Die statistische Analyse spielt eine untergeordnete Rolle, an deren Stelle tritt eine stärkere hermeneutische Interpretation und damit Analyse von Texten. Der Verlauf der Forschung und die Ergebnisse werden dokumentiert, womit die Studie für Außenstehende auch nachvollziehbar und damit natürlich kritisierbar wird. Die Forschenden müssen sich überlegen, wo und wie sie wem die Ergebnisse präsentieren, um zu einer sinnvollen Verbreitung und ggf. Veröffentlichung zu kommen. Schließlich sollten die Forschenden selbst zumindest schon einen Vorschlag oder eine Empfehlung zur Umsetzung der Ergebnisse formulieren.

VERWERTUNGS- UND WIRKUNGSZUSAMMENHANG

Der Verwertungszusammenhang wird von Kromrey (2006, 85) auch treffender als Verwertungs- und Wirkungszusammenhang bezeichnet. Geht es bei der Forschung doch auch darum, Wirkung zu entfalten, im hier beschriebenen Fall für die Adressaten der Sozialen Arbeit zu erreichen (siehe hierzu Kapitel 8).

Ein gut gegliederter Forschungsablauf in zwölf Schritten stellen Schöneck und Voß (vgl. 2005, 17) vor:

1. Klärung Entdeckungs- und Verwertungszusammenhang
2. Entscheidung Forschungsdesign
3. Präzisierung der Forschungsfrage, Analyse der Dimensionen
4. Hypothesenbildung
5. Auswahl der Indikatoren und Operationalisierung
6. Auswahl geeigneter Erhebungsinstrumente
7. Festlegung der Untersuchungsobjekte und deren Auswahl
8. Entwicklung des Erhebungsinstruments
9. Vorbereitung der Dateneingabe
10. Datenauswertung
11. Interpretation der Befunde
12. Dokumentation des Forschungsprozesses

Grundsätzlich kann ein solches Design auch in der qualitativen Forschung Verwendung finden. Die dortigen Forschungsdesigns sind aber in der Regel vielfältiger und passgenau auf den jeweiligen Forschungszusammenhang ausgerichtet. In der Regel sind die Designs auch während der Durchführung noch für Änderungen auf Grund neuer Erkenntnisse oder Theorien offen. Gemeinsam sind diesen Designs die Bestandteile. Diese einzelnen Komponenten eines Forschungsdesigns in der qualitativen Forschung beschreibt Flick (vgl. 2007, 177) sehr treffend und anschaulich (Abbildung 12).

All diese Komponenten bestimmen das Forschungsdesign und wirken sich auf das Design aus, d.h. also nicht, dass das Forschungsdesign in der qualitativen Forschung einfach aus sich selbst heraus entsteht, sondern auch in seinen Grenzen, in seiner Ausrichtung und Zielsetzung schon vor der Forschung geplant werden muss. Im Vergleich zur quantitativen Forschung lässt es jedoch mehr Möglichkeiten

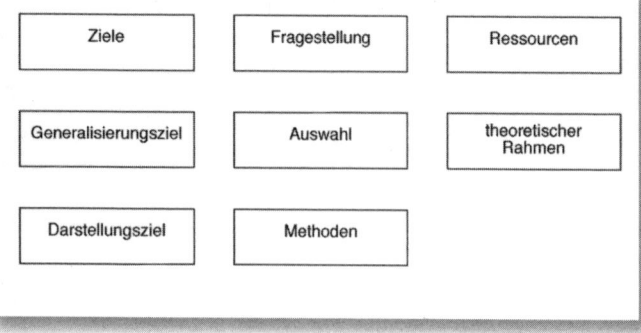

*Abbildung 12: Komponenten von qualitativen Forschungsdesigns
(vgl. Flick 2007, 177)*

und Flexibilitäten zu, was oben z.B. bei der Handlungsforschung dargestellt wurde. Das Design kann sich ggf. durch den Einbezug der bereits vorhandenen Erkenntnisse verändern.

BEISPIELKONSTRUKTIONEN FÜR INTEGRIERTE FORSCHUNGSDESIGNS

Grundlegend gibt es zumindest zwei grundsätzliche Möglichkeiten der Verbindung zwischen quantitativen und qualitativen Methoden: Zum einen die Aufeinanderfolge beider Methoden in der Weise, dass z.B. mit einem quantitativen standardisierten Fragebogen die Situation Jugendlicher in einem Stadtteil untersucht wird und erst danach narrative Interviews mit einzelnen Jugendlichen geführt werden, wobei sich die Auswahl auf die nach der Fragebogenanalyse entwickelten unterschiedlichen Jugendkulturen und -szenen bezieht. Eine solche Aufeinanderfolge wird als sequentielles Design bezeichnet. Selbstverständlich kann auch die quantitative Studie erst nach der qualitativen Studie erfolgen.

In einem parallelen Design werden beide Methoden parallel durchgeführt und erst nach der Untersuchung und Auswertung aufeinander bezogen. Schließlich stellt ein integriertes Design die Verbindung zwischen den Vorteilen der parallelen und der sequentiellen Designs dar (vgl. Kelle 2007, 288):

Design	Kennzeichen	Vorteile	Nachteile
Sequentiell	Aufeinanderfolge der Methoden	Untersuchungsergebnisse der vorherigen Studie werden einbezogen	Unterschiedliche Zeitpunkte der Untersuchungen können Ergebnisse verzerren
Parallel	Gleichzeitige Nutzung verschiedener Methoden	Dieselben Personen werden mit unterschiedlichen Methoden zur gleichen (bzw. vergleichbaren) Zeit untersucht	Keine Nutzung der jeweils anderen Ergebnisse im Verlauf
Integriert	Parallele und sequentielle Anlage verschiedener Methoden	Nutzung der oben genannten Vorteile	Aufwändig, umfangreiches Methodenrepertoire muss bekannt sein

Abbildung 13: Designs der Verbindung qualitativer und quantitativer Forschung

5.3 Finanzierung von Forschung

Spätestens bei der Planung der Abläufe einer Forschung stellt sich die Frage nach der Finanzierung der Forschung, wenn diese Frage zu diesem Zeitpunkt nicht schon zu spät ist. Es gilt, zu berechnen und in Euro und Cent auszudrücken, was eine Forschung kostet. Wie in anderen Bereichen der Kosten- und Leistungsrechnung gilt es auch bei der Forschung zu kalkulieren, was an Personal- und Sachkosten, an Fachleistungsstunden, an Overheadkosten, an Kosten für Aufträge nach außen, für die Durchführung, für die Dokumentation und Veröffentlichung usw. entsteht. Leider fehlen in den Etats der Sozialunternehmen und -organisationen die Posten „Forschung und Entwicklung" noch, aber selbst wenn es diese gäbe, müsste neben der „fachpolitischen Überzeugung" für eine Forschungsarbeit auch deren monetäre Dimension verhandelt und übersetzt werden. An dieser Stelle muss auch überlegt werden, wer an dieser Forschung als Verband, als Institution, als Wissenschaft Interesse hat und damit eine solche Forschungsarbeit (mit)finanzieren kann (Wohlfahrtsverbände, Forschungsinstitute, Interessenvertreter, Verbände, Kooperationspartner, Berufsverbände, Gewerkschaften, Arbeitgeberverbände, Unternehmen usw.). Dabei sollte (natürlich) beachtet werden, dass deren Interessen zwar berücksichtigt werden, jedoch den eigentlichen und eigenen Forschungsinteressen nicht widersprechen. Wie beim Sponsoring muss beachtet werden, dass dieses immer ein „Geschäft auf Gegenseitigkeit" ist, der Geldgeber hat Interessen wie auch der Geldnehmer! Mittlerweile sind bei größeren Projekten auf Bundes- und Landesebene oft bereits Kosten für eine fachgerechte Evaluation mit einkalkuliert. Im Sinne einer Professionalität sollten solche Forschungsaufwendungen auch im Alltag der Sozialen Arbeit Berücksichtigung finden.

Für die Beantragung von Geldern für die Forschung gilt, wie bei der Präsentation: Die Sprache der Geldgeber und deren Interessen müssen getroffen werden. Also gilt es, Überzeugungsarbeit von der Bedeutung der Forschungsarbeit (auch für den Geldgeber!) zu leisten, dieses „auf den Punkt zu bringen" (Konzentration auf Wesentliches) und die Kosten transparent und nachvollziehbar darzustellen. Dabei ist eine genaue Kalkulation wichtig, weder eine Nachforderung von Mitteln noch eine Rückzahlung von Mitteln ist, gerade bei öffentlichen Geldgebern, ohne weitere Hürden möglich.

Um die Kosten für ein Forschungsprojekt zu ermitteln, gilt das, was auch im Projektmanagement gilt: Alle Beteiligten sollen ihren jeweiligen Teilbereich kalkulieren, für Risiken und Unvorhergesehenes einen kleinen Puffer einbauen und die Kosten nach Arten zusammenstellen. Das ist bei der ersten Forschungsarbeit etwas kompliziert und anstrengend, die Routine lässt jedoch den Aufwand bei zukünftigen Projekten sinken. Gerade bei dem ersten Forschungsprojekt hilft es, den Aufwand an Zeit und Geld akribisch genau (für sich selbst) zu dokumentieren, um vorher unbekannte Größen zukünftig besser kalkulieren zu können.

Nachfolgend einige (nicht vollständig aufgeführte) Kostenarten, die bei der Forschung zu berücksichtigen sind:

- Personalkosten (für angestellte Personen; die Arbeitszeit, die in der Forschung geleistet wird, kostet Geld; ggf. zusätzlich einzustellendes Personal)
- Fahrt- und Reisekosten (beispielsweise für die Fahrt zur Befragung von Gruppen)
- Materialkosten (ggf. anteilig, für den Aufwand an Gerätschaften, Software und dgl.)
- Honorare (z.B. für die nach außen vergebenen Aufträge zur Gestaltung eines Onlinefragebogens, für Fachleute, für die Eingabe von ausgefüllten Fragebogen in den PC, ...)
- Software- und Webdesignerkosten
- Kosten für die Dokumentation und Präsentation

5.4 WEITERFÜHRENDE LITERATUR

Essl, Günter 2006: Forschungsdesign der qualitativen Sozialforschung. In: Flaker, Vito und Schmid, Tom (Hrsg.). Von der Idee zur Forschungsarbeit. Forschen in Sozialarbeit und Sozialwissenschaft, Wien, S. 101-123

Schnell, Rainer u.a. [7]2005: Methoden der empirischen Sozialforschung, München

Schöneck, Nadine M./Voß, Werner 2005. Das Forschungsprojekt. Planung, Durchführung einer quantitativen Studie, Wiesbaden

6. Werkzeuge zur Datenerhebung: Methoden entwickeln und einsetzen

Eine Methode, der Weg zu etwas hin, ist immer auch ein Werkzeug und ein Werkzeug ist dadurch gekennzeichnet, das es seinen Zweck erfüllt. Methode soll in diesem Zusammenhang als Instrument verstanden werden. Daher kann ein wie auch immer gestrickter Methodenkoffer zwar eine Übersicht und Orientierung geben, der genaue Zuschnitt des Werkzeuges sollte jedoch vom Forschenden auf die Forschungsfrage hin entwickelt werden. Ein Blick in die beiden zuvor genannten Richtungen der quantitativen und der qualitativen Forschung zeigt, dass beide mit ähnlichen Instrumenten arbeiten. Beide befragen, analysieren Inhalte und beobachten. Daher sollen nachfolgend die klassischen Methoden jeweils an Beispielen aus einem Verfahren dargestellt werden, nicht jedoch ohne auf den Einsatz der Methode in dem jeweils anderen zu verweisen. Dies zeigt wieder einmal mehr, dass kein Verfahren eine Methode für sich alleine „gepachtet" hat und die entscheidende Frage, der sich auch Triangulation und Integration stellen, diejenige ist, welches Forschungsinteresse vorhanden ist. Dieses übersetzt in die Operationalisierung und in ein Forschungsdesign bestimmt dann die Wahl und die Erstellung der Werkzeuge und Methoden. Nachfolgend werden Beispiele von Methoden und deren Verwendung für die Forschung in der Sozialen Arbeit erläutert ohne den Anspruch einer abschließenden Aufzählung aller Methoden.

6.1 ERHEBUNG VERBALER DATEN: BEFRAGUNGEN

6.1.1 STANDARDISIERTE BEFRAGUNG

Eine Befragung kann sowohl in einer quantitativen als auch in einer qualitativen Untersuchung eingesetzt werden. Abhängig ist dies in erster Linie vom Grad der Standardisierung: Während eine voll standardisierte Befragung (alle Fragen und Antworten sind vorgegeben) eindeutig eine quantitative Erhebung darstellt, ist eine offene Befragung (ggf. mit einigen Leitfragen) eindeutig der qualitativen Erhebung zuzuordnen. Dazwischen gibt es viele Varianten und Formen.

Bei der Erstellung eines Fragebogens gibt es verschiedene Regeln, die teilweise widersprüchliche Aussagen beinhalten. Geht es um die Zahl der Antwortmöglichkeiten (Merkmalsausprägungen) bei einer Frage, so müssen die Vor- und Nachteile abgewogen werden: eine ungerade Anzahl (ungerade Skala) kann der Tendenz Vorschub leisten, immer die mittlere Antwort anzukreuzen. Bei einer geraden Skala kann hingegen keine Unentschiedenheit ausgedrückt werden. Porst bringt die Qual der Wahl auf einen Punkt: „Man macht also, egal für welchen der beiden Skalentypen man sich entscheidet, einen Fehler" (2008, 82).

Allgemein muss festgestellt werden: „Bei der Erstellung eines Fragebogens ist auf die qualitative und quantitative Übereinstimmung des Instrumentariums mit dem Forschungsziel zu achten. Unter *quantitativer Übereinstimmung* des Fragebogens mit dem Forschungsziel versteht man die vollständige, unter *qualitativer Übereinstimmung* die inhaltlich angemessene Operationalisierung aller Hypothesen bzw. Variablen des zugrundeliegenden theoretischen Konzepts" (Porst 2008, 15).

Es gibt unzählige Tipps zur Konstruktion von Fragebögen. Porst stellt zehn Gebote der Frageformulierung vor (a.a.O., 95 f.) auf, die die wesentlichen Punkte beinhalten und gleichzeitig eine nötige Flexibilität zulassen:

„1. Du sollst *einfache, unzweideutige* Begriffe verwenden, die von allen Befragten *in gleicher* Weise verstanden werden!

2. Du sollst *lange* und *komplexe* Fragen vermeiden!

3. Du sollst *hypothetische* Fragen vermeiden!

4. Du sollst *doppelte Stimuli* und *Verneinungen* vermeiden!

5. Du sollst *Unterstellungen* und *suggestive Fragen* vermeiden!

6. Du sollst Fragen vermeiden, die auf Informationen abzielen, über die *viele Befragte mutmaßlich nicht verfügen*!

7. Du sollst Fragen mit *eindeutigem zeitlichen Bezug* verwenden!

8. Du sollst Antwortkategorien verwenden, die *erschöpfend* und *disjunkt* (überschneidungsfrei) sind!

9. Du sollst sicherstellen, dass der *Kontext einer Frage* sich *nicht auf deren Beantwortung auswirkt*!

10. Du sollst *unklare* Begriffe definieren!"

Porst stellt seine zehn Gebote jedoch nicht absolut:

„Sie sind geeignet als „allgemeine Wegweiser", die Ihnen eine grobe Richtung angeben, aber ihre Bedeutung relativiert sich und schwindet manchmal sogar ganz, wenn es um die Formulierung konkreter Fragen für konkrete Fragebogen geht" (Porst 2008, 114).

Bei einer Befragung werden verschiedene Fragetypen unterschieden: geschlossene Fragen, die Antwortmöglichkeiten vorgeben, offene Fragen, die eine eigene Formulierung der Antworten zulassen und so genannte hybride Fragen, die eine Mischung zwischen beiden Formen darstellen. Weiterhin ist zu unterscheiden zwischen Verhaltens-, Einstellungs- und Überzeugungsfragen (vgl. Schnell u.a. 2005, 326 ff.), die jeweils nach dem Verhalten (auch vor dem Hintergrund von Überzeugungen), nach Wünschen und Beurteilungen bzw. danach fragen, ob eine Aussage für richtig oder falsch gehalten wird.

Bei der Erstellung eines Fragebogens sind darüber hinaus folgende Regeln anzuwenden:

a) Zu Beginn sollten allgemeine Informationen zur Befragung, deren Hintergrund und Anonymität und die Verwendung der Daten, genannt, eine erreichbare Ansprechperson bei Rückfragen benannt werden sowie eine Aussage über den Zweck und die Bedeutung der Befragung getroffen werden (Motivation). Danach sollten Hinweise zum Ausfüllen des Fragebogens gegeben werden.

b) Bei der Reihenfolge der Fragen sollte beachtet werden, dass zu Beginn eine motivierende Frage steht, und etwa in der Mitte der Befragung schwierigere oder heiklere Fragen stehen, am Ende des Fragebogens sollten demografische Fragen (Alter, Geschlecht, Beruf usw.) stehen.

c) Beim Layout ist vor allem auf die Lesefreundlichkeit zu achten: Antwortvorgaben sollten immer nach dem gleichen Schema dargestellt sein (es irritiert und führt gerade bei langen Fragebogen zu Verwechslungen, wenn einmal die positiven Antwortvorgaben links und einmal rechts stehen).

d) Einige offene Fragen dienen der Motivation, sinnvoll ist es auch, am Ende Freiraum für eigene Einschätzungen und Anmerkungen zum Thema oder zur Befragung zu geben. Zum einen wird dadurch eine direkte Rückmeldung möglich, zum anderen können dadurch auch weitere Aspekte genannt werden, die für die Untersuchung wichtig sind.

e) Auch ein Dank nach der letzten Frage sollte selbstverständlich sein.

f) Auf Grund der Vielzahl von Befragungen nimmt die Bereitschaft, an einer Befragung teilzunehmen, ab. Daher sollte das Instrument der standardisierten Befragung sparsam angewendet und vorher geprüft werden, ob die dadurch zu erhaltenen Informationen anderweitig erhältlich sind oder auf eine andere Art gewonnen werden können.

Standardisierte Befragungen werden in der Sozialen Arbeit im Rahmen der Programmevaluation verwendet und kommen auch bei der Grundlagenforschung zum Einsatz.

6.1.2 NARRATIVES INTERVIEW

Bei einem narrativen Interview wird die Grenzziehung zu einer standardisierten Befragung am deutlichsten. Das narrative Interview hat zwar ein Thema, verzichtet aber von Seiten des Forschenden auf Leitfragen. Es besteht im Wesentlichen darin, mit einer Impulsfrage oder einer Themenstellung die zu erforschende Person zu einer Erzählung zu motivieren. In diesem Kontext kann es zwar Rückfragen seitens des Forschenden geben, die sich jedoch aus der Situation des Gespräches selber ergeben und nicht bereits vorher entwickelt sind. Das narrative Interview läuft in folgenden Phasen ab (vgl. Flick 2007, 228 f.):

- Eingangsfrage als Erzählaufforderung zur Stimulierung der Haupterzählung
- Nachfrageteil zur Vervollständigung der nicht ausgeführten Erzählansätze
- Bilanzierungsphase mit Fragen, die sich auf theoretische Erklärungen, Sinnzuweisungen oder eine Bilanz des Erzählten beziehen

Bei der Methode des narrativen Interviews wird davon ausgegangen, dass sie den Erzähler in verschiedene „Zwänge" führen, die für die Schließung einer Gestalt, für eine Kondensierung und Detaillierung sorgen:

„Der erste Zwang führt dazu, dass der Erzähler eine einmal begonnene Erzählung zu Ende bringt. Der zweite bewirkt, dass nur das für das Verständnis des Ablaufs Notwendige in der Darstellung enthalten ist und schon aus Gründen der begrenzten Zeit so verdichtet wird, dass der Zuhörer sie verstehen und nachvollziehen kann. Der Detaillierungszwang hat zur Folge, dass zum Verständnis notwendige Hintergrundinformationen und Zusammenhänge in der Erzählung mitgeliefert werden" (a.a.O., 231).

Die Schwierigkeit und Arbeitsleistung des Forschenden liegt bei der Dokumentation und der Auswertung eines solchen Interviews. Soll ein narratives Interview systematisch ausgewertet werden, so ist eine Abschrift erforderlich, die möglichst nach bestimmten Transkriptionsregeln verfasst ist. Dazu gehört beispielsweise, dass in der schriftlichen Übertragung nonverbale Dinge, Betonungen, Überschneidungen, Pausen u.Ä. deutlich gemacht werden. Da kaum zu erwarten ist, dass sich Außenstehende seitenlange Transkriptionen durchlesen, müssen diese auf die wesentlichen Aussagen verdichtet und interpretiert werden.

Wie alle Methoden so hat auch das narrative Interview seine Grenzen. Grundsätzlich ist festzuhalten, dass eine Person nur das erzählt, was sie erzählen will, dass also bei einem narrativen Interview die subjektive Konstruktion eines Geschehens, einer Lebensgeschichte (oder bei der Abwandlung eines episodischen Interviews: eines Ausschnittes) eine bestimmende Rolle spielen. Auf der anderen Seite aber lassen sich dadurch Sinnzusammenhänge rekonstruieren und subjektiv verstandene Kausalitäten erkennen, die entweder weitere Erforschungen ermöglichen oder aber als Erklärung für besondere bereits erforschte Phänomene dienen können. Auch können im Vergleich verschiedener Interviews zu ähnlichen Lebensbereichen (z.B. narrative Interviews mit Zeitzeugen der 1968er-Bewegung) unterschiedliche Perspektiven zu einem Gesamtbild verknüpft werden.

Anwendungsbeispiele in der Sozialen Arbeit sind neben der historischen Forschung (Heimerziehung in der Nachkriegszeit, Entwicklung Sozialer Arbeit, Psychiatrieerfahrungen in den 70er Jahren) auch die Rekonstruktion von Krankheitsgeschichten oder die Studie von Fällen bestimmter Symptome oder Phänomene (Verlauf einer Psychose aus der Sicht des Betroffenen, Retrospektive eines Betroffenen auf die „Heimkarriere", Entwicklung eines Jugendlichen zum „Schulverweigerer" aus Sicht der Eltern, des Jugendlichen und der Schule).

6.2 Erhebung von Verhalten: Beobachtung, mediale Analyse

6.2.1 Systematische Beobachtung

Bei dieser Form der Datenerhebung gilt: je systematischer die Beobachtung, desto eher lässt sich eine solche der quantitativen Forschung zurechnen. Eine systematische Form der Beobachtung findet u.a. auch im Assessment-Center, einem Personalauswahlverfahren mit unterschiedlichen Übungen, statt. Dort ist man bemüht, die für die zu besetzende Stelle notwendigen Kompetenzen, Fähigkeiten und Einstellungen in künstlich geschaffenen Situationen (Gruppendiskussionen, Tests, Präsentationen) zu beobachten. Dabei verabreden die Beobachter vorher, was z.B. als Teamfähigkeit bewertet wird. Es wird festgelegt, welche Beobachtungen wie bewertet werden (z.B. Bewertung der Teamfähigkeit auf einer Skala von 1 bis 10, der 1 wird zugeordnet: der Bewerber/die Bewerberin beteiligt sich nicht am Gruppenprozess, der 10 wird zugeordnet: der Bewerber/die Bewerberin übt konstruktiv einen positiven Einfluss auf das Gruppenergebnis unter Einbeziehung der anderen Teilnehmenden aus; ggf. kann das Beobachtungsschema weiter differenziert werden).

Wie alle anderen Instrumente hat auch das Instrument der Beobachtung Vor- und Nachteile. Die Beobachtung ist in der Regel ein sehr personalaufwändiges Verfahren, wenn man davon ausgeht, dass ein Beobachter ein bis zwei Personen wirklich intensiv beobachten kann, dass Beobachtung und das beobachtete Verhalten in der Regel gleichzeitig stattfinden, zumindest aber die gleiche Zeit in Anspruch nehmen (wenn z.B. Videoaufzeichnungen angesehen werden). Zur Objektivierung wäre es sinnvoll, wenn mehrere Beobachter eine Person oder eine Szene beobachten. Es bedarf einer genauen Schulung von Beobachtern und einer Vorarbeit dergestalt, dass einheitliche Skalen, standardisierte Vorgehensweisen vereinbart werden müssen. Die Auswertung und Interpretation der Beobachtungsergebnisse bedarf auch einigen Aufwandes. Demgegenüber verspricht eine Beobachtung, Daten in Bereichen und Situationen zu erhalten, die z.B. durch eine standardisierte Befragung nicht zugänglich sind, sei es durch den

Gegenstand der Untersuchung oder durch die jeweilige Zielgruppe. Menschen mit mangelndem Sprachverständnis und -vermögen lassen sich wohl kaum durch einen Fragebogen in ihrem Verhalten erfassen. Auch bei Kindern im Kindergartenalter bietet sich die Beobachtung als Form der Datenerhebung an, wenn dort das Sozialverhalten oder die Sprachentwicklung oder Bildungsfortschritte untersucht werden sollen. Bei Forschungsfragestellungen, die dem Befragten peinlich sind oder die einen allzu starken Hang zu sozial erwünschten Antworten haben, kann z.B. eine Beobachtung vorteilhaft sein. Auf die Frage „Schlagen Sie Ihr Kind oft, selten oder nie?" wird die Mehrzahl der Befragten „nie" angeben, wobei die eine Person damit ehrlich sein wird und die andere Person unter „nie" versteht „es sei, denn mir rutscht einmal die Hand aus, aber das ist so gut wie nie". Eine Beobachtung in bestimmten Situationen oder sozialen Kontexten kann hier genauso weiterführen wie ein standardisierter psychologischer Test.

Eine systematische Beobachtung ist auf verschiedene Voraussetzungen angewiesen, u.a. auf das Setting, das einer Vereinbarung bedarf. Dabei sollten folgende Schritte eingehalten werden:

1. Entwicklung einer Forschungsfrage
2. Auswahl des Beobachtungssettings (Rahmenbedingungen)
3. Auswahl der Stichprobe
4. Schulung der Beobachter, Vereinbarung von Skalen
5. Konzentrierte Beobachtung
6. Ggf. Bildung von Kategorien und deren Veränderung
7. Dokumentation der Ergebnisse
8. Interpretation der Ergebnisse

Bei einer systematischen Beobachtung weist Kromrey (vgl. 2006, 346, 350 ff.) auf eine Reihe von Anwendungsproblemen sowie Notwendigkeiten hin:

a) die unterschiedliche Bedeutungszumessung einer Tätigkeit durch den Beobachtenden und den Handelnden
b) die notwendige Festlegung von Arten und Klassen der Beobachtungsgegenstände
c) die Konstruktion einer Stichprobe
d) Definitionen der Zähl- und Kategorisierungseinheiten
e) Entwicklung eines Kategorienschemas

Gerade durch diese Kernelemente unterscheidet sich eine standardisierte oder systematisierte Beobachtung als Methode der quantitativen Forschung etwa von einer teilnehmenden Beobachtung. Bei der Methode der Beobachtung ist eine Reihe von Formen möglich. Kromrey (2006, 350) nennt 16 mögliche Formen, wenn er die jeweiligen Gegensatzpaare:

- systematisch – unsystematisch
- künstlich – natürlich
- nichtteilnehmend – teilnehmend sowie
- verdeckt – offen

in allen Kombinationen miteinander verknüpft. Die zusätzliche Unterscheidung zwischen Fremd- und Selbstbeobachtung kann in diesem Zusammenhang vernachlässigt werden, da Selbstbeobachtungen in aller Regel keine Form der Sozialforschung darstellen, sondern eher im Bereich der Psychologie eine Bedeutung haben. Es geht im Zusammenhang mit der hier zu erörternden quantitativen Forschung also vor allem um systematische nichtteilnehmende Beobachtungen. Eine Form der teilnehmenden Beobachtung, die Ethnografie, bei der der Beobachtende in die Handlung involviert wird, wird später im Rahmen der qualitativen Forschung dargestellt.

Gerade bei der Beobachtung muss darauf hingewiesen werden, dass dort Fehler geschehen, die sich nachteilig auf die Beurteilung auswirken. Diese Fehler können nicht immer vermieden werden, die Fehlerquellen sollten aber in höchstem Maße Beachtung finden und im Sinne einer Selbstvergewisserung zu Beginn einer Beobachtung betrachtet werden. Nur eine kontinuierliche Schulung und Reflexion kann zur dauerhaften Vermeidung dieser Fehler führen. Neben den allgemeinen Gesetzmäßigkeiten von Wahrnehmungsprozessen der Selektion, der Akzentuierung und der Integration nennen Oberloskamp u.a. (2001, 36 ff.) spezielle Gesetzmäßigkeiten, die vor allem für die Wahrnehmung und Beurteilung von Personen und damit für die Beobachtung von Bedeutung sind:

1. Zusammenhang (beruflicher, privater Kontext)
2. Fragestellung (andere Wahrnehmung wird ausgeblendet)
3. Vorinformationen (evtl. falsche Hypothesen)
4. Primacy-Effekt (erster Eindruck)

5. Sympathie oder Antipathie
6. Erlebte oder bestehende Nähe zur Situation des Klienten
7. Central Tendency (Tendenz zur mittleren Beurteilung)
8. Halo-Effekt („Heiligenschein" der Umgebung)
9. Enttäuschungseffekt (von Erwartungen geleitet)
10. Logical Error (falsche Annahme der Kopplung von Merkmalen)
11. Rollenkollisionen (z.B. Rollenkonflikt in anderer Rolle)
12. Bewertungstendenzen (z.B. bei autoritär strukturierten Personen)
13. Projektionen, Vorurteile, Ambiguitätsintoleranz
14. Subjektive Überzeugtheit (unkritisch, mangelnde Empathie)

6.2.2 ETHNOGRAFIE

Die Ethnografie kann als eine spezielle Form der teilnehmenden Beobachtung klassifiziert werden. Nach Art eines Fremden in einer für ihn fremden Kultur versucht der Forschende in der Ethnografie Gruppen und Organisationen zu erforschen: Wie arbeiten die Menschen zusammen, welche Verständigungsformen werden genutzt, welche Symbole spielen welche Rolle, welche Rituale spielen sich ab, welche Tabus gibt es? In dieser Weise kann z.B. eine Unternehmens- und Organisationskultur untersucht und beobachtet werden, wobei der Forscher an dem Geschehen teilnimmt und sich bewusst und deutlich als „fremd" verhält.

Zaviršek (vgl. 2006, 142 f.) zeigt charakteristische Merkmale der ethnografischen Forschung auf, die für die Soziale Arbeit ein wichtiger Ansatz zur Verwendung dieser Methode sein können:

1. Der soziale und symbolische Kontext findet Beachtung.
2. Es geht um eine ganzheitliche Sicht, die nur durch eine Distanz zur konkreten Erlebenswelt entsteht.
3. Ethnografische Forschung in der Sozialen Arbeit fokussiert kulturelle Unterschiede und kann dadurch herkömmlich als Pathologie bezeichnete Phänomene auch als kulturelle Muster sehen.
4. Die persönliche Involviertheit des Forschers und dessen Einfluss auf die Forschung spielten eine Rolle.
5. Die Reziprozität zwischen Forscher und Erforschtem wird gefördert.

6. Erforschte können bei der Erstellung von Sozialarbeitswissen aktiv mitwirken.

7. Ethnografische Forschung führt oft zur Aktivierung der Erforschten im Sinne einer Einflussnahme für ihre eigenen Rechte.

8. Ethnografische Forschung bietet Einblicke in die Lebenswelten und

9. Lebensgeschichten von Individuen und Organisationen.

Im Hochschulalltag könnten mit der ethnografischen Methode unterschiedliche Kulturen der einzelnen Fachbereiche untersucht werden: Wie ist die Lernkultur im Fachbereich Betriebswirtschaft im 6. Semester im Vergleich zu der im Fachbereich Architektur oder Sozialwesen. Im Feld der Sozialen Arbeit ist ethnografische Forschung in Jugendszenen, -banden oder -cliquen denkbar oder bei Personengruppen unterschiedlicher kultureller Herkunft. Auch im Rahmen der Diversity-Forschung kann die Ethnografie gute Dienste leisten.

6.3 Erhebung von Dokumenten: Inhalts- und Dokumentenanalyse

Neben der Befragung und der Beobachtung gilt die Inhaltsanalyse als dritte klassische Form der empirischen Sozialforschung. Generell lassen sich mit ihr alle Formen und Arten von Inhalten (schriftlicher oder elektronischer Art, Videos, Bilder usw.) analysieren. Eine Form dieser Inhaltsanalyse stellt die Analyse von Dokumenten dar (in der Regel sind damit Texte gemeint). Verbunden wird mit der Dokumentenanalyse ferne Theorie und abstrakte Forscherarbeit am Schreibtisch. In der Sozialen Arbeit hat mancher Schwierigkeiten mit der Abfassung von Texten, und diese dann noch zu analysieren scheint nicht gerade einem Berufsbild zu entsprechen, das durch die Arbeit mit Menschen gekennzeichnet ist. Auf der anderen Seite werden aber überall in der Sozialen Arbeit Daten produziert, sei es als Statistiken, als Aktenvermerke, als wissenschaftliche oder fachpraktische Zeitschriftenartikel, als Zeitungsberichte, Pressemitteilungen, Akten, Berichte usw. Aus all diesen Dokumenten können und sollten Erkenntnisse gewonnen werden. Im Rückblick auf Fälle der Kindesmisshandlungen sollte es nicht ausschließlich den Gerichten überlassen werden, aus dem Verlauf eines „Falles" Rückschlüsse auf Schuldzusammenhänge zu finden, sondern auch anhand von nicht strafrechtlich relevanten Fällen Sinnzusammenhänge, Risikofaktoren und Gefährdungen zu erkennen. Aus Akten lassen sich auch Verstrickungen und Interventionen Sozialer Arbeit und deren Wirkungsweisen erforschen. Somit kann eine Dokumentenanalyse auch zu einer Selbstreflexion Sozialer Arbeit verhelfen und damit wie andere Methoden zur Weiterentwicklung einer Profession. Als entscheidender Vorteil der Dokumentanalyse oder Inhaltsanalyse braucht eine solche keine Daten selbst zu erheben, sondern kann auf bereits vorhandene Daten zurückgreifen.

Ob es sich bei einer Dokumenten- oder Inhaltsanalyse um eine Form der quantitativen oder qualitativen Analyse handelt, ist entscheidend von der Intention der Analyse abhängig: Geht es stärker um messbare und statistisch auswertbare Größen, wird man unweigerlich von einer quantitativen Forschung sprechen, geht es um die Rekonstruktion von Sinnzusammenhängen, so wird man diese Forschung der qualitativen Forschung zuordnen. Gerade neuere Computerprogramme zur Analyse von Dokumenten lassen bei der Inhaltsanalyse die (künstlichen) Grenzen zwischen qualitativer und quantitativer Inhaltsanalyse verschwimmen.

Zusammenfassend sieht Mayring (2007, 13) sechs Merkmale der qualitativen Inhaltsanalyse:
- „*Kommunikation* analysieren;
- *Fixierte* Kommunikation analysieren;
- dabei *systematisch* vorgehen;
- das heißt *regelgeleitet* vorgehen;
- das heißt auch *theoriegeleitet* vorgehen;
- mit dem Ziel, *Rückschlüsse auf bestimmte Aspekte der Kommunikation* zu ziehen"

Notwendige Schritte einer Inhaltsanalyse bzw. Dokumentenanalyse sind nach Häder die folgenden:
a) Zielbestimmung
b) Auswahl der relevanten Inhalte bzw. Texte
c) Bestimmung der Analyse- bzw. Zähleinheiten

d) Entwicklung eines Kategoriensystems

e) Aufstellung von Kodierregeln

f) Pretest

g) Feldphase

Eine qualitative Inhaltsanalyse kann aus einer Zusammenfassung (zur Reduzierung des Materials, zur Abstraktion), einer Explikation (Nutzung zusätzlichen Materials zur Erweiterung des Verständnisses) oder einer Strukturierung (Herausfilterung verschiedener Aspekte nach Ordnungskriterien) bestehen (vgl. Mayring 2007, 58) und kann folgende wichtige Aufgaben erfüllen (vgl. a.a.O., 20 f.):

- Bildung von Hypothesen und Theorien: Eine eher klassische Aufgabe, die oft der qualitativen Sozialforschung zugeschrieben wird.

- Prüfung von Hypothesen und Theorien: Diese Aufgabe wird traditionell eher der quantitativen Forschung zugeschrieben, kann aber auch Gegenstand der qualitativen Forschung und hier insbesondere der Inhaltsanalyse sein.

- Pilotstudien: Zur Suche von neuen Erkenntnissen in neuen Arbeitsfeldern.

- Vertiefungen: Zur Vertiefung bereits vorhandener Erkenntnisse

- Einzelfallstudien, Fallanalysen

- Analyse von Prozessen

- Klassifizierungen: Ordnung von Datenmaterial

In der Sozialen Arbeit spielt die Dokumentenanalyse bisher eine leider kaum genutzte Rolle, könnten doch durch diese Form der Analyse wichtige Erkenntnisse gerade auch zur Wirkung Sozialer Arbeit gewonnen werden, die auch Kausalzusammenhänge hieb- und stichfest wissenschaftlich analysieren könnten. Der Profession und damit den Adressaten Sozialer Arbeit würde es helfen, wenn z.B. Zusammenhänge zwischen politischen und fiskalischen Entscheidungen im Rahmen von Einsparungen auf die Wirkung Sozialer Arbeit systematisch untersucht würden. Zum einen zur Erhöhung einer Effizienz und zum anderen zur Stärkung der Handlungssicherheit.

6.4 Weiterführende Literatur

Mayring, Philipp [9]2007: Qualitative Inhaltsanalyse, Grundlagen und Techniken, Weinheim

Porst, Rolf 2008: Fragebogen. Ein Arbeitsbuch, Wiesbaden

Zaviršek, Darja 2006: Ethnographic research as the source of critical knowledge in social work and other caring professions, in: Flaker, Vito und Schmid, Tom (Hrsg.): Von der Idee zur Forschungsarbeit. Forschen in Sozialarbeit und Sozialwissenschaft, Wien, S. 125-143

7. ANALYSE, DOKUMENTATION UND PRÄSENTATION: ERGEBNISSE ERSTELLEN UND VERWENDEN

Es gibt zwischen den einzelnen Forschungstypen und -verfahren deutliche Unterschiede, beispielsweise sind quantitative Verfahren stets auf Statistik, qualitative Verfahren stets auf einen verstärkten Blick in Richtung Hermeneutik und Interpretation angewiesen. Im Sinne der Ausrichtung dieses Buches sollen aber beide grundlegenden Auswertungsmethoden an dieser Stelle dargestellt werden, um Unterscheidungen deutlich zu machen und Übergänge zwischen beiden Auswertungsverfahren zu kennzeichnen. Gerade durch die Integration von quantitativen und qualitativen Verfahren spielen beide Auswertungsverfahren eine bedeutende Rolle und sollten in einer gewissen Souveränität angewendet werden. Dabei wird es darum gehen, eine Balance zwischen der Aussagekraft und dem Bezug zur Forschungsfrage einerseits und der Vertiefung in die Statistik in all ihren Feinheiten oder einer sich selbst überbietenden Hermeneutik zu finden. In diesem Kapitel werden diese beiden Verfahren stärker verdeutlicht. Außerdem werden Grundlagen dargestellt, wie Forschung generell dokumentiert, präsentiert werden muss, um ein Optimum an Wirkung zu entfalten. Schließlich gilt es, die Forschungsergebnisse und die sich daraus ergebenden Empfehlungen für die Praxis und Theorie Sozialer Arbeit auch umzusetzen und das möglichst zeitnah und vollständig.

7.1 STATISTISCHE ANALYSE UND INTERPRETATION

Bei statistischen Analyseverfahren ist zunächst zwischen der deskriptiven und beschreibenden Statistik und der schließenden oder Inferenzstatistik zu unterscheiden. Erstere untersucht beschreibend die vorliegenden Ergebnisse, letztere geht einen Schritt weiter und bereitet durch den Bezug zur Ausgangshypothese und zu anderen Untersuchungen den Einstieg in eine weitergehende Interpretation vor.

7.1.1 SKALEN

Nicht alle Verfahren der Statistik lassen sich auf alle Daten anwenden. So ist bei der Abfassung eines standardisierten Fragebogens bereits darauf zu achten, wie die Daten später auswertbar sind. Dabei ist die Wahl der richtigen Skalen („Messeinteilung") eine grundlegende und weitreichende Entscheidung. Zu unterscheiden sind die Nominalskala (jedem Wert ist ein *„Namen"* zugeordnet), die Ordinalskala (hierbei geht es um eine Rang„ordnung"), die Intervallskala (die Abstände, *„Intervalle"*, der einzelnen Werte sind gleich groß) und der Absolutskala bzw. Ratioskala (diese hat einen *„absoluten"* Nullpunkt).

Der Reihe nach erlauben die vier dargestellten Aussagen ein jeweiliges Mehr an Aussagen. Die Nominalskala erlaubt nur eine Aussage der Identität, es kann eine Zuordnung erfolgen, eine Person ist männlich, eine andere Person weiblich. Diese Skala erlaubt weder eine Aussage über den Rang, über einen Abstand oder über ein Verhältnis der beiden Werte. Einen Schritt weiter geht die Ordinalskala, die außer der Identitätsaussage auch etwas über den Rang aussagen kann. Wenn Person A die Note sehr gut (1) hat und Person B die Note gut (2), so lässt dies die gegenüber der Nominalskala die zusätzliche Aussage zu, dass Person A eine bessere Leistung erreicht hat als Person B. In der Intervallskala geht es um gleiche Abstände, bei einer Person X, die Schulden in Höhe von 100 Euro hat, und eine Person Y, die ein Guthaben in Höhe von 100 Euro hat, kann man beschreiben, dass Person Y auf einer Linie von minus 100 bis plus 100 einen Unterschied, eine Distanz von genau 200 Euro hat (100 Euro weniger Schulden als Person X plus zusätzliche 100 Euro Guthaben). Zusätzlich kann man bei dieser Skala mit Identitäten und Rangordnungen arbeiten. Bei der Absolutskala wie beispielsweise dem Alter von Personen (hierbei gibt es keine Negativwerte) können auch Verhältnisse beschrieben werden: eine vierzigjährige Person ist doppelt so alt wie eine zwanzigjährige Person. Einen Überblick über die verschiedenen Skalen und deren Möglichkeiten gibt Abbildung 14.

Bereits bei der Fragebogenkonstruktion sollte auf die Angabe von Antwortkategorien geachtet werden. Wird z.B. die Frage nach der täglichen Nutzung des Internet gestellt und werden dann als Antworten unter 5 Stunden, 5 bis unter 10 Stunden und über 10 Stunden vorgegeben, sind andere Antworten zu erwarten als bei der Vorgabe unter 2 Stunden, 2 bis unter 4 Stunden, 4 bis unter 6 Stunden usw. Ebenfalls sind andere Auswertungsmöglichkeiten vorhanden. Vielfach erscheint es z.B. beim Alter sinnvoller den Raum freizulassen, um eine Zahl einzusetzen, dann besteht später die Möglichkeit, anhand der Ergebnisse der Befragung sinnvolle Klassen zu bilden.

7.1.2 Lagemasse und Abweichungen

Als Lagemaße werden in der Regel die drei Werte arithmetisches Mittel, Median und Modus benannt. Alle drei treffen Aussagen über Mittelwerte. In der Umgangssprache meint das arithmetische Mittel nichts anderes als den „Durchschnitt". Der Median ist in einer Hintereinanderreihung aller Werte der mittlere Wert, der Modus der häufigste Wert.

Was bedeuten diese Werte praktisch: Wenn fünf Personen nach ihrem Monatsverdienst gefragt werden und sie die Werte 400, 500, 1.000, 1.000 und 10.000 € angeben, so verdienen die im Durchschnitt ((arithmetisches Mittel (Mindestvoraussetzung: metrische Daten), also die Summe dividiert durch die Anzahl der Personen 12.900:5)) 2.580 €, was sicherlich alleingenommen eine ordentliche Zahl ist, allerdings

Skala/Mess-niveau	Beschreibung	Beziehung zwischen Aus-prägungen, mögliche Auswertungen	Beispiel
Nominalskala	Vorhanden-sein einer bestimmten Merkmalsaus-prägung, jedes Obekt wird ge-nau einer Klas-se zugeordnet	Keine metrische Beziehung zwi-schen den Aus-prägungen	Geschlecht: männlich/weib-lich, Familien-stand
Ordinalskala	Klassifizierung durch die Zu-ordnung von or-dinalen Zahlen, Rangordnungen	Keine Aussage über die Abstän-de zwischen den einzelnen Rangwerten („eine 2 ist nicht doppelt so gut wie eine 4")	Häufigkeitsska-la: nie: 1, selten 2, gelegentlich: 3, oft: 4, immer: 5; Schulnoten; Zufriedenheit
Intervallskala	Die Abstände zwischen zwei Messpunkten sind gleich	Mathematische Operationen sind möglichen	Intelligenzpunkt-werte, tempera-turskala in °C
Absolutskala, Verhältnisskala oder Ratioskala	Zusätzlich zur Interskala gibt es einen Null-punkt	Sämtliche ma-thematischen Operationen sind möglichen	Alter, Länge

Abbildung 14: Skalen und ihre Möglichkeiten
(vgl. Schnell u.a. 2005, 142 ff.; Kromrey 2006, 246 f.)

wird dieser Werte keiner der vier Personen gerecht. Erst wenn jeder 2.580 € verdient, spiegelt dieser Wert die tatsächliche Verteilung wider. Sind der Median (Mindestvoraussetzung der Berechnung: Ordinalskala, in diesem Fall: 1.000 €) und der Modus (Mindestvoraussetzung der Berechnung: Nominalskala, ebenfalls: 1.000 €) bekannt, so kann bei einer großen Differenz der drei Werte wie sie in dem Beispiel vorliegt, schon auf die Verteilung geschlossen werden, die wohl sehr weit auseinander liegt. Bei einer Gleichverteilung müssten alle drei

Werte gleich sein. Um der Sache noch etwas näher zu kommen, bildet man die Standardabweichung, d.h. es wird berechnet, wie viel der einzelne Wert vom arithmetischen Mittel abweicht. Diese Berechnung, in diesem Fall noch einfach durchzuführen, nimmt in der Regel ein Computerprogramm vor, kommt zu dem Ergebnis (das arithmetische Mittel der Werte (ohne Vorzeichen) der Differenzen der einzelnen Zahlen zu 2.580) ((2.180 + 2.080 + 1.580 + 1.580 + 7.420) : 5 = 2.968) einer Standardabweichung von 2.980 €, d.h. die Abweichung der einzelnen Zahlen ist im Durchschnitt sogar noch höher als das arithmetische Mittel. Dies führt zu der Aussage, dass die Streuung der Werte eine sehr hohe ist. (Das Quadrat der Standardabweichung ist die so genannte Varianz, die auch bei statistischen Berechnungen genutzt wird.)

So genannte Quantile zerlegen eine geordnete Reihe in gleich große Abschnitte. Am gebräuchlichsten sind Quartile, die die Reihe in vier Abschnitte aufteilen (das zweite Quartil ist demnach auch gleichzeitig der Median) (vgl. Kromrey 2006, 437). Quantile setzen mindestens eine Ordinalskala voraus und werden z.B. bei der Einkommensverteilung genutzt. Im Vergleich verschiedener Untersuchungen lässt sich dadurch erkennen, wie sich die Entwicklung z.B. am unteren oder oberen Ende der Reihe verändert hat.

7.1.3 MERKMALE, VERTEILUNGEN UND GRAPHIKEN

Die einfachste Möglichkeit der Darstellung von statistischen Ergebnissen ist die Häufigkeitsverteilung, die angibt, wie viele Personen oder Fälle genau welches Merkmal bzw. welche Variable aufweisen. Wird nach dem Geschlecht gefragt, kann eine solche Häufigkeitsverteilung wie folgt aussehen:

	Häufigkeit	Prozente
männlich	49	49,0
weiblich	51	51,0
Gesamt (n=)	100	100,0

Abbildung 15: Beispiel einer Häufigkeitsverteilung

Da hier nur eine Variable betrachtet wird, spricht man von einer univariaten Auswertung, dementsprechend lassen sich bivariate oder auch multivariate Auswertungen vornehmen.

Bei der Häufigkeitsverteilung im Bereich zweier Variablen (einer bivariaten Auswertung also) spricht man von einer Kreuztabelle. Ergänzen wir das oben genannte Merkmal Geschlecht um das Merkmal Herkunftsstadt und nehmen wir in unserer imaginären Befragung an, es gäbe nur die beiden Herkunftsstädte Hamburg und München, würde eine solche Kreuztabelle wie folgt aussehen:

Geschlecht/ Herkunft	Hamburg	München	Zeilensummen
männlich	25	24	49
weiblich	15	36	51
Spaltensummen	40	60	100

Abbildung 16: Beispiel einer Kreuztabelle

An dieser Stelle wird schon deutlich, dass bei einer Prozentangabe überlegt werden muss, von welcher Zahl die Prozente genommen werden, von der Gesamtzahl n = 100, von der Zeilen- oder von der Spaltensumme, dementsprechend könnte an der Stelle, an der jetzt die 25 steht, entweder 25 % (25 % aller Befragten sind männlich und kommen aus Hamburg), 51,02 % (51,02 % der männlichen Befragten kommen aus Hamburg) oder 62,50 % (62,50 % der befragten Hamburger sind männlich) stehen. Jede dieser Aussagen ist eine andere. Bei einer prozentuellen Verteilung ist also immer zu fragen, von welcher Gesamtheit ausgegangen wird. Sowohl im SPSS-Programm als auch in GrafStat gibt es Möglichkeiten der Filterung, d.h. im o.g. Beispiel nur die Hamburger Befragten zu analysieren oder nur die männlichen Befragten.

Generell wird in der empirischen Sozialforschung zwischen unterschiedlichen Variablen unterschieden, dabei ist die abhängige Variable stets diejenige, die untersucht wird, die unabhängige stellt die Randbedingung dar. Im oben genannten Beispiel wäre bei der Untersuchung der Herkunft die Herkunft die abhängige Variable, das Geschlecht würde dann die unabhängige Variable darstellen.

Eine etwas übersichtlichere Darstellung der Häufigkeiten als in einer Tabelle erlaubt eine Graphik ((Balkendiagramm, Kreisdiagramm („Tortenstücke") und ähnliche)), diese lassen sich mit dem Programm MS-Excel und auch mit den beiden hier schon erwähnten Programmen SPSS und GrafStat sehr einfach aus den Tabellen heraus erstellen.

7.1.4 KORRELATION

Die Korrelation gibt an, in welchem Maße ein Zusammenhang zwischen zwei oder mehr Variablen besteht. Dies lässt sich verdeutlichen durch das Einfügen der gemessenen Werte der beiden Variablen in ein Koordinatensystem mit x- und y-Achse. Gehen hohe Werte auf der x-Achse mit hohen Werten auf der y-Achse einher, spricht man von einer positiven Korrelation. In einer einfachen Graphik sei hier zunächst eine positive Korrelation dargestellt:

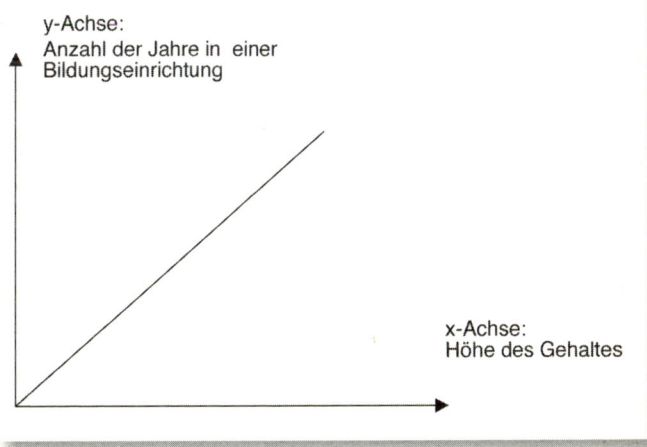

Abbildung 17: Beispiel einer sehr hohen positiven Korrelation

In diesem (konstruierten) Beispiel würden alle Befragungsergebnisse auf der Linie liegen, der Korrelationskoeffizient hätte den Wert + 1, der Zusammenhang zwischen beiden Variablen wäre extrem positiv. Entsprechend der Berechnungsformel der Korrelation kann diese nur

Werte zwischen + 1 (sehr starke positive lineare Korrelation) und – 1
(sehr starke negative lineare Korrelation) einnehmen. Der letztere Wert
würde wie folgt dargestellt aussehen:

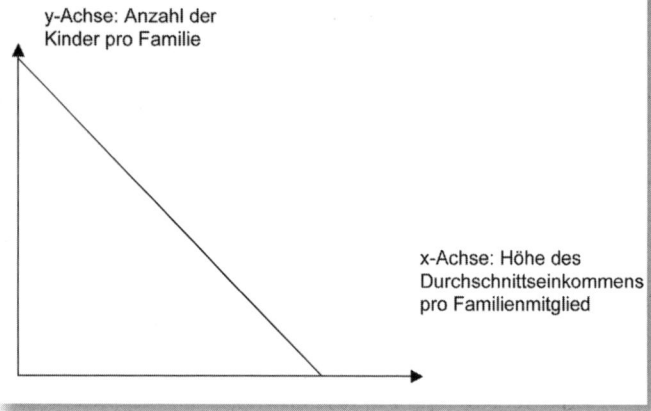

Abbildung 18: Beispiel einer sehr hohen negativen Korrelation

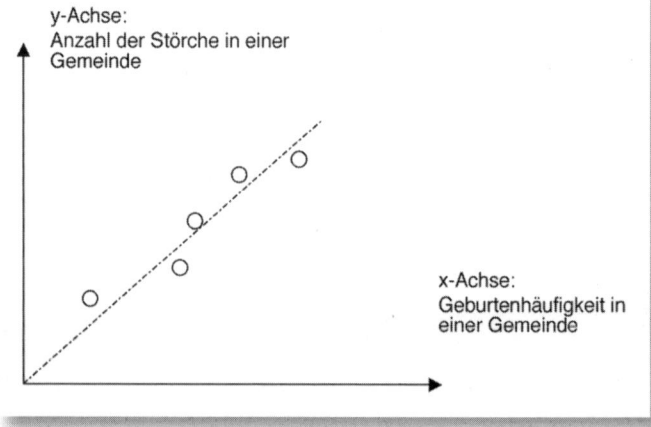

Abbildung 19: Beispiel eines statistischen (aber nicht kausalen!)
Zusammenhangs

Dieser statistische Zusammenhang der Korrelation sagt nichts über kausale Zusammenhänge aus. Man könnte beispielsweise auf die Idee kommen, die Anzahl der Kinder und die Anzahl der Störche in einer Gemeinde in ein Koordinatensystem einzutragen, und käme auf eine Korrelation, die aber (nach allem Stand der Wissenschaft) nicht in einem direkten Zusammenhang steht (möglicherweise gibt es Zusammenhänge mit der Industrialisierung u.Ä. über andere weitere, nicht ermittelte Variablen). Das Beispiel zeigt, dass quantitative Forschung nicht ohne ein breites Fachwissen des Forschungsgegenstandes auskommt. Sie bedarf qualitativer Erkenntnisse bzw. Forschung, um Zusammenhänge zu bewerten.

Ein hier ausgerechneter Wert würde z.B. bei r = + 0,85 liegen. Der Korrelationswert gibt an, wie der Zusammenhang der Merkmale oder Variablen aussieht. Es liegt nahe, dass eine solche Berechnung, würde sie „von Hand" ausgeführt, sehr langwierig wäre, daher bedient man sich auch in diesem Fall Rechenprogramme.

Wichtig für die Interpretation der Ergebnisse ist folgende allgemeine Vereinbarung zur Korrelation:

Korrelationskoeffizient	Interpretation
bis unter 0,2	sehr geringe Korrelation
0,2 bis unter 0,5	geringe Korrelation
0,5 bis unter 0,7	mittlere Korrelation
0,7 bis unter 0,9	hohe Korrelation
ab 0,9	sehr hohe Korrelation

Abbildung 20: Korrelationskoeffizient und seine Interpretation
(vgl. Raithel 2006, 152)

Selbstverständlich gibt es auch andere als die hier dargestellten linearen Zusammenhänge, denkbar wären z.B. auch exponentielle Zusammenhänge, wenn z.B. ein Wert auf der y-Achse jeweils um eine Potenz ansteigt (2, 4, 8, 16, 32, 64; d.h. 2^n). Als Berechnungsmethode, die von den Zahlen ausgehend versucht den entsprechenden unbekannten Zusammenhang auf eine Funktion zurückzuführen, definiert man die Regressionsrechnung. Mit der Regressionsrechnung kann die Art des Zusammenhangs zwischen Variablen charakterisiert werden.

7.1.5 WEITERE STATISTISCHE WERTE, IHRE BEDEUTUNG UND INTERPRETATION

Mit dem Statistikprogramm SPSS ist eine Reihe von Rechenoperationen möglich, die wichtigsten sollen nachfolgend kurz dargestellt werden. Zur eigenen Durchführung von bi- und multivariaten Analysen sei auf die entsprechende vertiefende Literatur hingewiesen (vgl. z.B. Bühl 2006).

CHI-QUADRAT-TEST

Der Chi-Quadrat-Test vergleicht eine beobachtete Verteilung mit einer theoretisch vorhandenen Verteilung. Bei entsprechenden Voraussetzungen (jede Zelle sollte mit mindestens fünf Fällen besetzt sein) kann anhand des errechneten Wertes aus einer Tabelle abgelesen werden, mit welcher Wahrscheinlichkeit ein ermittelter Wert auch in einer Grundgesamtheit anzutreffen ist. Als Beispiel sei hier die Anzahl der Würfe mit einem Würfel genannt, die Stichprobe der erzielten Würfelergebnisse wird verglichen mit der Grundgesamtheit aller fiktiven Würfe, bei der die Verteilung auf die unterschiedlichen Augenzahlen jeweils $1/6$ sein müsste. Der Unterschied zwischen der beobachteten und der theoretischen Verteilung wird jeweils als Residuum bezeichnet. Diese Residuen lassen sich wie folgt interpretieren: sind sie größer als 2,0, handelt es sich um eine signifikante Abweichung (Erhöhung bzw. Erniedrigung), größer als 2,6 bedeutet eine sehr signifikante und größer als 3,3 eine höchst signifikante Abweichung (vgl. Bühl 2006, 336).

Es gibt mehrere allgemeine Untersuchungen, die öffentlich zugänglich sind, mit Hilfe derer sich Vergleiche zu der eigenen Stichprobe ziehen lassen, so z.B. die Allgemeine Bevölkerungsumfrage der Sozialwissenschaften (ALLBUS) oder die European Social Survey (ESS) (beide Untersuchungen sind im Internet einsehbar). Weitere

Untersuchungen sind der Mikrozensus (MZ) und das Sozioökonomische Panel (SOEP).

GEWICHTUNG VON FÄLLEN

Sollte sich herausstellen, dass eine Repräsentativität der Stichprobe im Vergleich zu der Grundgesamtheit nicht gegeben ist, so kann durch eine nachträgliche Gewichtung der Fälle (die aus Gründen der Nachvollziehbarkeit auch zu dokumentieren ist) eine solche nicht gegebene Repräsentativität „korrigiert" werden. Ist in einer Stichprobe der Anteil der Arbeiter überrepräsentiert gegenüber dem Anteil der Angestellten, so kann durch die Gewichtung das Verhältnis ausgeglichen werden.

	Stichprobe	Grundgesamtheit	Gewichtung der Stichprobe	Ergebnis gewichtete Stichprobe
Angestellte	30%	50%	(: 3 x 5) = Gewichtungsfaktor: ca. 1,666	50%
Arbeiter	70%	50%	(: 7 x 5) = Gewichtungsfaktor: ca. 0,714	50%

Abbildung 21: Beispiel für eine Gewichtung

Gerade hier empfiehlt sich ein Statistikprogramm, eine Auszählung von Fragebögen und Multiplikation jedes einzelnen Wertes mit dem Gewichtungsfaktor wäre zu aufwändig.

FAKTORENANALYSE, CLUSTERANALYSE

Im Rahmen einer Faktorenanalyse werden größere Anzahlen von Variablen auf eine kleine Anzahl von Aussagen bzw. Faktoren verdichtet. Variablen mit einer hohen gegenseitigen Korrelation werden zusammengefasst. Die Clusteranalyse bildet Gruppen von Fällen. Bei einer Studie zum Thema Armut und Krankheit kann eine Faktorenanalyse z.B. verschiedene Indikatoren zu einem Faktor Armut zusammenfassen (Einkommen gering, Bedürftigkeit gegenüber staatlichen Stellen, schlechte Wohnsituation). Eine Clusteranalyse könnte verschiedene öfter vorkommende Gruppen bilden (im Beispiel: alleinstehende gesunde Menschen, alleinstehende Personen mit psychischen Erkrankungen, ... Paare ohne Erkrankungen, ... Familien mit Erkrankungen der Kinder, ...; denkbar wäre auch eine Einteilung in Gruppen wie: gesunde Verzweifelte, kranke Hoffnungsvolle, kranke Zufriedene, kranke Resignierte, ...).

7.2 Hermeneutische und andere Analyseverfahren

Ursprünglich wurden hermeneutische Verfahren vor allem für die Interpretation von Texten verwendet, sie haben sich aber inzwischen, vor allem auch mit der „objektiven Hermeneutik" zu einem Standard in der qualitativen Sozialforschung entwickelt, der dieser zu einer weiteren Etablierung verholfen hat.

Bei der Hermeneutik wird der Anspruch der Rekonstruktion sehr deutlich, geht es doch darum, durch diese Interpretationsmethode zu ergründen, welche Absichten, Motivationen, Konstruktionen den in der qualitativen Forschung gewonnenen Daten zugrunde liegen. Dazu werden in der Methodik verschiedene Schritte angewendet, die Texte als zentrale Verdichtungen menschlichen Handelns analysieren und deren Sinngehalt nach geregelten Abfolgen interpretieren. Neben der Hermeneutik als bekannteste Methode müssen aber auch weitere Methoden der qualitativen Analyse Erwähnung finden.

Objektive Hermeneutik

„Die Objektive Hermeneutik geht davon aus, dass sich die sinnstrukturierte Welt durch Sprache konstituiert und in Texten materialisiert. Der Gegenstand der sinnverstehenden Wissenschaften bildet sich erst durch die Sprache und tritt in Texten in Erscheinung. Die soziale Wirklichkeit ist textförmig" (Wernet 2006, 11 f.). Die objektive Hermeneutik bedient sich in ihrer Methodik vor allem zweier grundsätzlicher Verfahren: der Sequenzanalyse und der gedankenexperimentellen

Kontextvariation (vgl. Bohnsack 2007, 73). Mit ersterer ist eine Analyse einzelner (bedeutender) Teile eines Textes gemeint, die nur diesen Text analysiert, ohne auf dieser Stufe den Kontext weiter zu beachten.

Mit Gedankenexperimenten wird versucht, dem untersuchten Text eine andere Umgebung zu geben und daraus Schlüsse über die Textentstehung zu ziehen. Mit einem gewissen Maß an Fremdheit und „Naivität" wird dadurch ein Text erschlossen.

Als die wichtigsten Positionen der Objektiven Hermeneutik nennt Wernet (vgl. 2006, 11 ff.):

- Textinterpretation als Wirklichkeitswissenschaft
- Text als regelerzeugendes Gebilde
- Rekonstruktion von Fallstruktur
- Fallrekonstruktion als Sequenzanalyse
- Latente Sinnstruktur
- Generalisierung von Fallstrukturen

Grundlegende Prinzipien, nach denen die objektive Hermeneutik dabei vorgeht sind:

- Kontextfreiheit
- Wörtlichkeit
- Sequenzialität
- Extensivität und
- Sparsamkeit (vgl. a.a.O., 21 ff.)

Bei der Kontextfreiheit geht es im ersten Schritt darum, den Kontext eines Textes auszublenden und den Text an sich zu interpretieren. Erst in einem weiteren Schritt wird der Kontext berücksichtigt, daraus lassen sich Widersprüche und Besonderheiten der Nutzung des Textes herausarbeiten. Die Wörtlichkeit als Prinzip der objektiven Hermeneutik nimmt selbst „Versprecher" wortwörtlich und kann dadurch auch in tiefere Schichten der Analyse vorstoßen und neben offensichtlichen Inhalten auch an latente Inhalte gelangen und durch einen solchen Vergleich den Textsinn erschließen. Dabei können die „Freud'sche Fehlleistung" eine Bedeutung erlangen und psychoanalytische Hintergründe in den Blick geraten. So kann bei einer Moderation die vordergründig harmlose Wortverdrehung in der Frage „gibt es noch Mordmeldungen" (gemeint waren natürlich „Wortmeldungen") auf eine zumindest angespannte Atmosphäre oder auf eine Angsthaltung in der

Rolle der Moderation hindeuten. Das Prinzip der Wörtlichkeit verschafft dem Interpretierenden einen Abstand zur Situation und daher eine etwas andere Perspektive als eine gewöhnliche oder alltägliche.

Ein Kernprinzip der Sequenzanalyse ist die Sequenzialität, der isolierte Blick auf eine Texteinheit, die wie beim Prinzip der Kontextfreiheit Ausblendungen vornimmt, in diesem Fall die Ausblendung des vorherigen und des nachfolgenden Textes. Gerade bei der Interpretation von journalistischen Texten können dadurch Sinnentstellungen oder Verzerrungen von Inhalten verdeutlicht werden. So kann die Aussage der Überschrift „Berlin wird grüner" ohne weiteren Kontext eine ästhetische, eine umweltpolitische oder eine parteipolitische Aussage darstellen. Berlin kann ebenso für die Bundeshauptstadt stehen wie für die Regierung der Bundeshauptstadt oder die Bundesregierung.

Extensivität versucht ebenso vollständig den Text als auch alle möglichen Lesarten zu berücksichtigen. Schließlich, und das sollte nicht unterschlagen werden, setzt das Prinzip der Sparsamkeit der Textinterpretation Grenzen und zwar weniger im Sinne der Ökonomie als im Sinne einer Interpretation, die sich aus dem Text herleiten lässt (vgl. auch a.a.O., 21 ff.).

Eine mögliche Reihenfolge der Interpretation einer Textsequenz ist die folgende:

* Geschichte aus der Textsequenz entwickeln
* Lesartenbildung
* Kontrastierende Geschichte
* Zurück zur Lesartenbildung
* Konfrontation mit dem tatsächlichen Äußerungstext
* Konfrontation mit dem inneren Kontext
* Konfrontation mit dem äußeren Kontext
* Möglichkeiten der Fortschreibung (vgl. a.a.O., 68 ff.)

Bei der Textinterpretation unterscheidet Bohnsack (vgl. 2007, 134 ff.) die formulierende und die reflektierende Interpretation. Erstere unterteilt sich in vier Schritte:

a) thematischer Verlauf der Gesamtdiskussion
b) Auswahl der Passagen, die Gegenstand reflektierender Interpretation werden sollen

c) Auswahl von Phasen besonderer interaktiver oder metaphorischer Dichte

d) detaillierte formulierende Interpretation der ausgewählten Passagen

Aufwändiger geht die reflektierende Interpretation vonstatten: Hier geht es um den Rahmen, um Gegenhorizonte, übergreifende Orientierungsrahmen, Metaphern, Diskursverläufe, Typologien u.Ä. Der dritte große Bereich ist die Fallbeschreibung, bei der der Fall umfassend charakterisiert wird. Dabei ist auch die dramaturgische Entwicklung zu beachten, die Organisation des Diskurses, auf Inhalte, Konklusionen, Einstellungen auf das Kollektive, Fremdheitsrelationen u.Ä.

Erst nach dieser Phase geht es um die Bildung von Typen: Von Bedeutung sind dabei spezifische und unterschiedliche Erfahrungsräume, Kontraste, Gemeinsamkeiten.

Der objektiven Hermeneutik kann man vorwerfen, dass sie aufwändig ist und zu sehr am Text als „Lebensäußerung" festhält und daher ein hohes intellektuelles Verständnis voraussetzt. Ihre unangetastete Leistung liegt jedoch vor allem in der Zurverfügungstellung einer geregelten und nachvollziehbaren und vor allem intersubjektiv nachprüfbaren Methodik.

WEITERE METHODEN DER ANALYSE

Nicht weniger von Bedeutung und ebenfalls abhängig von der gewählten Methode sind weitere von Mayring (2002, 103 ff.) genannte Auswertungsmethoden, die vor allem in qualitativen Verfahren Verwendung finden:

- Gegenstandsbezogene Theoriebildung: während der Datensammlung werden theoriebildende Hypothesen, Konstrukte und Konzepte entwickelt und verfeinert.
- Phänomenologische Analyse: Beschreibung von Phänomenen aus der Sicht des Subjekts, Reduktion auf einen Wesenskern durch Variation.
- Sozialwissenschaftlich-hermeneutische Paraphrase: durch schrittweise Veränderung des Vorverständnisses des Interpreten Deutung der Perspektive der Subjekte.

- Qualitative Inhaltsanalyse: Systematische Analyse von Texten (siehe Inhaltsanalyse, Kapitel 6.3).
- Psychoanalytische Textinterpretation: Freilegung verdrängter Gehalte und Analyse in ihrer gesellschaftlichen Bedingtheit und Relevanz.
- Typologische Analyse: Nach vorher festgelegten Kriterien werden bestimmte Bestandteile eines Materials analysiert, die das Material repräsentieren.

7.3 DOKUMENTATION VON FORSCHUNGS- PROZESSEN UND -ERGEBNISSEN

Sicher ist die Dokumentation, die Protokollierung von Forschung, eine aufwändige und zeitraubende Tätigkeit. Doch genau dieses zeichnet neben dem hohen methodischen Standard die Wissenschaftlichkeit der Forschung aus, geht es doch dabei um nichts Geringeres als um die Nachvollziehbarkeit und Überprüfbarkeit der Forschung. So schwer wie es klingt, aber der Forscher, und gerade der in der empirischen Sozialforschung, zeichnet sich dadurch aus, dass er „die Karten offen auf den Tisch legt" und sein (mehr oder weniger bescheidenes Ergebnis) der Kritik und der Diskussion innerhalb der „Gemeinde der Wissenschaft" preisgibt. Nur durch diese Transparenz ist wissenschaftlicher Fortschritt möglich. Nur wenn die „Karten auf dem Tisch liegen", ist eine Falsifizierbarkeit von Annahmen als ein großes Kriterium von Wissenschaftlichkeit möglich.

Zur Dokumentation gibt es verschiedene Regeln, deren Beachtung teilweise auch durch berufsständische oder ethische Reglements mehr oder weniger stark überwacht wird.

Eine Übersicht von Dokumentationserfordernissen legt Häder (2006, 446) vor:
- der Auftraggeber einer Untersuchung
- das Ziel der Untersuchung
- der Fragebogen bzw. der jeweils benutzte Erhebungsstandard
- die Population (Grundgesamtheit) auf welche die Untersuchung ausgerichtet war

- das Stichprobendesign, soweit keine Totalerhebung stattfand (bzw. Sampling)
- das Vorgehen bei der Feldarbeit
- die vorgenommenen Schritte bei der Datenbereinigung
- die Art und Weise der Darstellung der Befunde

Es geht also genau darum, die wesentlichen Entscheidungen, die Interessen und die Schritte der Forschung zu verdeutlichen. Nur wer beispielsweise weiß, wer die Forschung bezahlt hat, kann auch beurteilen, ob in die Forschung auch andere, vielleicht gar nicht so uneigennützige Interessen eingeflossen sein könnten. Gerade an dieser Stelle sollte die Untersuchung dann besonders kritisch betrachtet werden.

7.4 Präsentation und Verwertung für die Praxis

Forschende in der Sozialen Arbeit sollten von Anfang an einen Blick für die Verwertungsinteressen und damit auch für die Wirkung haben. Während die Dokumentation noch zum engen Feld der Forschung gehört und in aller Regel bei einer Veröffentlichung nur auf ein Fachinteresse stößt, kommt es bei der Präsentation darauf an, zur richtigen Zeit, vor dem richtigen Auditorium die wesentlichen Ergebnisse aus der Forschung auf den Punkt zu bringen. Nur dadurch hat die Studie eine Chance auf Resonanz in der Fachwelt. Es lohnt sich daher, schon früh Zeit und Energie für die Präsentation und Verwertung der Forschung zu verwenden und diesen Bereich systematisch anzugehen. Das gilt sowohl für die ganz großen Forschungsprojekte wie auch für kleinere Evaluations- oder Selbstevaluationsverfahren mit einer begrenzten Reichweite in der eigenen Einrichtung oder beim Träger.

Grundsätzlich gelten für die Präsentation von Forschungsergebnissen ganz andere Regeln als für die wissenschaftliche Arbeit an sich. Während die wissenschaftliche Arbeit eher nüchtern die Fragestellung entwirft, die Methodik darstellt und am Ende mit einigen Ergebnissen aufwartet, gilt für die Präsentation ein anderes Vorgehen, das eher journalistisch geprägt ist. Dieser Unterschied erklärt auch, weshalb Wissenschaftler in den Medien oft als nüchtern und ausschweifend gelten. Im Journalismus gilt z.B. die Regel, dass Zeitungsberichte von hinten her zu kürzen sind. D.h. wenn ein Bericht über eine Forschung in den ersten Zeilen nicht zum Wesentlichen kommt, dann hat er kaum eine Chance auf Veröffentlichung. Weiter lebt der Journalismus von Bildern, die für die Rezipientinnen und Rezipienten nachvollziehbar sind. Eine Statistik über Alkohol bei Jugendlichen mit nüchternen Zahlen ist längst nicht so einprägsam wie eine Geschichte eines sympathischen Jugendlichen, der aus Geltungsinteresse und Neugierde immer stärker in die Alkoholabhängigkeit rutscht. Auch gilt die Regel „Ein Bild sagt mehr als tausend Worte" sowohl in der Beschreibung von Geschichten als auch in der Darstellung von echten Bildern oder Filmen, die für eine Sache stehen. Es wird sich kaum jemand für die Bausituation von Grundschulen und Kindergärten in der Großstadt interessieren, wenn nur Statistiken und Zahlen gezeigt werden, Bilder von spielenden Kindern in maroden Gebäuden sind da viel aussagekräftiger. Es geht jedoch gerade in der Sozialen Arbeit darum, dass Präsentationen einen hohen Wahrheitsgehalt haben, die Aussagen von Untersuchungen zwar verdichten, aber nicht sinnentstellend und verzerrt wiedergeben. Übertreibungen oder Fälschungen haben auf die Dauer eine negative Rückwirkung und schädigen die öffentliche Reputation. Für Radio- und Fernsehbeiträge gilt: Kurz, nachvollziehbar und prägnant. Generell gilt: die jeweilige Dynamik (und Eigendynamik!) des Mediums ist zu beachten. Im Gegensatz zu manchen Erkenntnissen der Forschung heißt es in den Medien wie im Marketing: „Der Köder muss dem Fisch schmecken, nicht dem Angler", d.h. es sollte jeweils auf das Publikum, auf die Zuhörenden geachtet werden.

Neben diesen allgemeinen Gesichtspunkten gilt für die Nutzung der Ergebnisse ebenfalls eher der Blick „von der anderen Seite" als der eigene Forscher- oder Sozialarbeitsblick.

- Für wen sind die Ergebnisse interessant?
- Welche Medien/Fachzeitschriften/lokale Zeitungen haben Interesse, könnten Interesse haben?
- Wie können die Ergebnisse für Entscheidungsträger aufbereitet werden? (Politik, Vorstände, Geschäftsführung, ...; Empfehlungen)
- Wo sind „Andockstellen"/gleichgerichtete Interessen?

Diese Erkenntnis ist auch für die Veröffentlichung und Verbreitung manch eines Ergebnisses der Bachelorarbeit von Bedeutung. Es wird sich kaum ein Verlag finden, der die Arbeit genau in der dem Professor abgegebenen Form in sein Programm aufnimmt, und kaum eine Fachzeitschrift, die ein Kapitel der Arbeit als Artikel veröffentlicht. In diesem Fall wie auch im Fall der Forschungsergebnisse gilt es, sich vorher mit dem Verlagsprogramm, mit dem Inhalt einer Zeitschrift, dem Schreibstil, der Art der Zitation und dgl. auseinanderzusetzen, um die Forschungsergebnisse einem breiteren Fachpublikum zur Verfügung zu stellen. Die Verlage und die Fachzeitschriften haben in der Regel ihre jeweils eigenen Regeln zur Erstellung eines Textes, zur Formatierung, die oft auch auf der Homepage einsehbar sind.

Schließlich gilt es, wie bereits bei der Finanzierung der Forschung, auch bei der Veröffentlichung oder bei der Verbreitung Bündnispartner zu finden, die ggf. auch für sich einen Nutzen aus den Forschungsergebnissen ziehen können. Es gilt, die Ergebnisse der Forschung auch in die Logik der Politiker, der Verwaltungsleute, der Wirtschaftsfachleute usw. zu übersetzen, für diese Zwecke hilft es, deren Logik zu verstehen und sich selbst ein persönliches Netzwerk aufzubauen, welches die verschiedenen Disziplinen beinhaltet.

Damit Forschung an Bedeutung gewinnt, muss sie an den Stellen ankommen, wo Entscheidungen getroffen werden und wo über Finanzen entschieden wird. Daher sollten gerade Sozialarbeitende über ihren eigenen Tellerrand hinaussehen, um eine Wirkung zu erreichen.

7.5 Weiterentwicklung von Forschung

Schließlich muss Forschung in der Sozialen Arbeit, wenn sie denn eine Wirkung haben soll, offen sein für eine Forschung zweiter Ordnung, d.h. für eine Erforschung ihrer eigenen Wirkung. Da Forschung nicht alleine für Bücher erfolgen soll, sondern zur Verbesserung der Situation der Adressaten Sozialer Arbeit, muss sie wirken. Die Erfolgsfaktoren für eine solche Wirkung müssen evaluiert werden, um Forschung besser zu machen.

Allzu oft wird Forschung ebenso wie Veränderung gerade von der Zunft der Forscher und Berater für andere Organisationen zwar angewendet, aber die eigenen Annahmen und Methoden selten hinterfragt. Eine Forschung zweiter Ordnung kann in diesem Sinne Forschung durch Forschung verbessern.

Werden die Ausgaben von Forschung und Entwicklung von Wirtschaftsunternehmen mit denen von Sozialorganisationen verglichen, so schneiden letztere sehr schlecht ab. Es wäre jedoch fatal, dabei allein die Struktur aus der Wirtschaft zu übernehmen, sondern es ist zunächst zu überlegen, an welcher Stelle und wie Forschung und Entwicklung am wirkungsvollsten sind. Sinnvoll erscheint eine Integration von Forschung und Entwicklung in den Händen der Fach- und Führungskräfte. Dieses wird bedeuten, dass neben einem Qualitätsverständnis, ein Bewusstsein entwickelt wird, neue Erkenntnisse systematisch zu gewinnen und diese in die Entwicklung der lernenden Organisation einzubringen.

7.6 WEITERFÜHRENDE LITERATUR

Bühl, Achim [10]2006: SPSS 14. Einführung in die moderne Datenanalyse, München

Kromrey, Helmut 2006: Empirische Sozialforschung. Modelle und Methoden der standardisierten Datenerhebung und Datenauswertung, Stuttgart

Wernet, Andreas [2]2006: Einführung in die Interpretationstechnik der Objektiven Hermeneutik, Wiesbaden

8. SCHRITTE ZUR ENTWICKLUNG:
VERÄNDERUNGEN ANSTOSSEN

Will Forschung eine Wirkung erreichen, muss sie zu Veränderungen führen und solche anstoßen. Für eine solche Wirkung ist ein zielorientiertes Vorgehen erforderlich. Gerade die hier beschriebene Handlungsforschung hat eine breite Rezeptionsgeschichte erfahren, sie ist Grundlage für eine Reihe von Veränderungsmethodiken, so z.B. der Organisationsentwicklung geworden. Und in der Tat ist es so, dass sich Veränderungen nicht einfach linear umsetzen lassen. Es scheint eine Illusion zu sein, Forschungsergebnisse nur zu verkünden und dann werde sich schon etwas ändern. Selbst wenn Einzelpersonen Veränderungen erreichen wollen, stehen dem oft Strukturen und Prozesse innerhalb einer Organisation entgegen. Einzelne wollen überzeugt werden, um sich zu entwickeln, Organisationen müssen bereit sein für Veränderungen. Es ist eher der Fall, dass sich Veränderungsbereitschaft in Organisationen in geringem Maße findet und viel eher Beharrungstendenzen vorhanden sind. Neue Ideen und neue Erkenntnisse werden erst dann umgesetzt, wenn sie für ein System Sinn machen. Dabei muss berücksichtigt werden, dass eine Umsetzung von Erkenntnissen nicht nur auf das „Einzelsystem Mensch" stoßen, sondern dieser Mensch in Organisationen arbeitet und Veränderungsimpulse an diesen beiden Systemen „andocken" müssen, um überhaupt eine Chance zu haben. Der Ausspruch eines Sozialarbeiters „dies ist nun das 14. neue Konzept und ich werde weiter das tun, was ich bisher für notwendig erachtet habe" ist symptomatisch: Zeigt er doch die zahlreichen Veränderungsbemühungen in sozialen Organisationen, er zeigt aber auch eine Abneigung gegenüber Konzepten „die von oben kommen". Erfolgversprechender für Veränderungen sind Formen und Methoden, die Betroffene und Beteiligte einbeziehen. Sowohl das Veränderungsmanagement als auch die Organisationsentwicklung setzen an dieser Überzeugung an und können daher an dieser Stelle auch als Grundlagen für Entwicklungen in Organisationen dargestellt werden. Die dort vorhandenen Kenntnisse können dazu beitragen, dass sich neue Erkenntnisse nach der Bekanntgabe auch in die Tat umsetzen lassen. An dieser Stelle soll dies jedoch recht knapp dargestellt werden, getragen von der Vorstellung, dass auch die interessantesten Forschungsergebnisse nur Sinn machen, wenn sie zu einer (Weiter-)Entwicklung der Sozialen Arbeit führen. Dazu bedarf es der Entwicklung innerhalb der Einrichtungen, Verbände, Unternehmen, Verwaltungen im Bereich der Sozialen Arbeit. Zur intensiven Beschäftigung mit diesen Methoden sei auf die einschlägige Literatur zu diesen Themen verwiesen.

8.1 Entwicklungsnotwendigkeiten von Organisationen

Gerade soziale Organisationen stehen vor großen Herausforderungen, die eine neue Struktur des Arbeitens erfordern, im Bereich des Managements hat Albert (2006, 46 f.) diese wie folgt beschrieben:

- Strukturelle Ebene:
  - unklare Abgrenzungen
  - Überforderung von Vorständen
  - informelle Entscheidungsstrukturen
  - hoher Abstimmungs- und Besprechungsbedarf

- Verwaltungsebene
  - Buchführung wenig aussagekräftig
  - Ressourcen werden schlecht genutzt
  - kein systematisches Controlling
- Führungsebene
  - Geschäftsführungen ohne Managementkompetenzen
  - Personalführung, Personalentwicklung eher zufällig
- Personalebene
  - Effizienzverluste durch schlechtes Betriebsklima
  - mangelnde Aus- und Fortbildung
  - ...

Diese Herausforderungen sind vor allem Herausforderungen für das Management sozialer Organisationen, die auch den Rahmen für die Sozialarbeitenden betreffen. Dieser Rahmen muss Veränderungen zulassen und offen sein im Sinne einer „lernenden Organisation" zur Adaption neuer Erkenntnisse sowohl durch das Individuum als auch durch die Organisation. Es wäre auf der anderen Seite auch zu einfach, nur das Management als Gewährleister für Entwicklungsprozesse zu sehen. Die treffendere Aussage ist, dass Veränderungen ein Prozess sowohl „top-down" (von oben nach unten) als auch „bottom up" (von unten nach oben) sind und auf jeden Fall eine durchlässige und kommunikative Unternehmenskultur benötigen, wenn sie eine nachhaltige Zukunft haben wollen.

Neben diesen Herausforderungen auf der strukturellen Ebene gibt es eine Reihe von inhaltlichen Themenstellungen, denen sich die Soziale Arbeit stellen muss:
- demographischer Wandel
- Veränderungen des Sozialstaates
- Globalisierung und Europäisierung
- Migration
- Virtualisierung
- zunehmende Markt- und Wettbewerbsorientierung
- „vom Hörigen zum Kundigen" (vom Klienten- zum Kundenbegriff)
- Wertewandel
- Angebotsvielfalt bis -unübersichtlichkeit

- Veränderung in der Arbeitswelt
- neue Formen der Armut
- ...

Es gilt, all diese Herausforderungen in der Sozialen Arbeit als Chancen zu nutzen. Hier wie auch bei den strukturellen Herausforderungen sind die Fachkräfte ebenso gefragt wie die Führungskräfte, nach neuen Lösungen für neue Fragestellungen zu suchen und sich dabei der Forschung zu bedienen.

8.2 VERÄNDERUNGSMANAGEMENT UND ORGANISATIONSENTWICKLUNG

Organisationen müssen mit Widerständen umgehen können und die in den Widerständen verborgene Energie für die Veränderung freisetzen und nutzen können. Grundsätzlich lassen sich zwei verschiedene Veränderungsstrategien unterscheiden: Die Optimierung bestehender Dinge und der (paradigmatische) Wechsel bestehender Handlungen, Überzeugungen und Muster. Bei letzterer wird besonders deutlich, dass sich diese nicht einfach durch Druck in einer Organisation, die aus Menschen besteht, ändern lassen.

Ähnliche Problemstellungen zeigten sich Lewin in einer Fabrik, in der er zu Rate gezogen wurde: „Steigerte man den Druck durch kontinuierliche Beaufsichtigung, bestand der einzige Erfolg darin, dass eine erhöhte Anzahl von Arbeitern kündigte" (Marrow 2002, 222). Vorschläge von Kurt Lewin waren in der damaligen Veränderungssituation (1939): „Der erste Vorschlag bestand darin, aufzuhören, einzelne Angestellte unter Druck zu setzen. Der zweite lautete, die Arbeiter als Mitglieder kleiner Gruppen statt als Individuen anzusprechen. Der dritte besagte, dass man irgendwelche Verfahren finden müsse, mit deren Hilfe man den Gruppen das Gefühl geben könnte, dass der Standard realistisch und erreichbar sei" (a.a.O.). Durch diese einfache Methode war damals der neue Standard in einer Fabrik möglich, Erfolgsrezept Lewins war die Nutzung der Kraft der Gruppe und deren Einbeziehung.

Veränderungsmanagement will gezielt Veränderungen initiieren und steuern und zielt dabei auf Strukturen und Prozesse sowie das

Verhalten Einzelner und Gruppen. Der Begriff besagt zugleich, dass es einer Strategie bedarf, um solche Veränderungen zu erreichen, eine einfache Planung und Durchführung allein reichen nicht. Gleiches gilt für die Umsetzung von Forschungsergebnissen in einer Organisation: eine alleinige „top down"-Strategie ist dabei nicht zielführend.

Doppler und Lauterburg (vgl. 2005, 151 ff.) nennen in ihrer Charta für Veränderungsmanagement (englisch: Change-Management) folgende acht Prinzipien:

1. zielorientiertes Management
2. keine Maßnahme ohne Diagnose
3. ganzheitliches Denken und Handeln
4. Beteiligung der Betroffenen
5. Hilfe zur Selbsthilfe
6. prozessorientierte Steuerung
7. lebendige Kommunikation
8. sorgfältige Auswahl von Schlüsselpersonen

Wer Neues erreichen will, muss auf Personen setzen, die diese neue Richtung an Schlüsselpositionen umsetzen, muss kommunizieren und (zumindest) die Mehrheit überzeugen, nur dadurch können Veränderungen nachhaltig erzielt werden.

Organisationsentwicklung geht ebenfalls davon aus, dass sich Organisationen durch intendierte Impulse systematisch verändern lassen. Dabei wird darauf gesetzt, dass Organisationen sich wie Systeme verhalten und Veränderungsimpulse eine Möglichkeit des Andockens an die Organisation benötigen. Wesentliche handlungsleitende Prinzipien für die Organisationsentwicklung sind:

1. Orientierung am Nutzen
2. aktive Rolle der Führung
3. Systematik
4. Integration von Wertvorstellungen und Ethik
5. Kommunikationsorientierung
6. Gruppenarbeit
7. Betroffenenbeteiligung
8. Transparenz und Offenheit

(vgl. Schneider 2005, 440)

An diesen Beispielen wird deutlich, dass Organisationen, wollen sie Impulse von Forschung für sich nutzen, zumindest einen Hauch von Lernbereitschaft, von einer neugierigen und veränderungsbereiten Organisationskultur benötigen, die an dieser Stelle nur genannt und nicht weiter ausgeführt werden können. Will Forschung Wirkung erzielen, müssen ihre Ergebnisse vor allem in Organisationen „ankommen" und hier zu Veränderungen führen. Dazu bedarf es über die Forschung hinaus Anstrengungen im Veränderungsmanagement bzw. in der Organisationsentwicklung.

8.3 Weiterführende Literatur

Bachert, Robert/Vahs, Dietmar 2007: Change Management in Nonprofit-Organisationen, Stuttgart

Doppler, Klaus/Lauterburg, Christoph [11]2005: Change Management. Den Unternehmenswandel gestalten, Frankfurt/M.

9. ANHANG

9.1 GLOSSAR

Das Glossar dient dem Vertrautmachen mit den wichtigsten Begriffen
der Forschung. Zuweilen werden die einzelnen Begrifflichkeiten auch
anders und zum Teil kontrovers verwendet. Einzelne Autoren verwenden die Begriffe auch mit anderen Schwerpunktsetzungen. Hier gilt
es, die Begriffe für die Forschung nutzbar zu machen und praktisch
zu definieren. Weitergehende Vertiefungen und Erweiterungen finden
sich in der Fachliteratur zu den einzelnen Typen, Verfahren und Methoden der Forschung.

Arithmetisches Mittel – Dies ist der „Durchschnittswert", der sich aus der
  Summe der einzelnen (gemessenen) Werte dividiert durch die Anzahl
  der befragten, gemessenen Fälle ergibt. Bei der Zahlenreihe 1, 1, 2, 3, 3,
  3, 4, 5, 5, 500 ist das arithmetische Mittel ((1+1+2+3+3+3+4+5+5+500)
  : 10=)) 52,7.
Beobachtung – Im wissenschaftlichen Sinne meint Beobachtung eine systematische Wahrnehmung, die sich von einer Alltagsbeobachtung dadurch
  unterscheidet, dass sie zielgerichtet und nachvollziehbar ist.

Deduktion – Ableitung vom Allgemeinen auf das Besondere, z.B.: alle Schwäne sind weiß (als allgemeine Aussage), daher ist auch der Schwan X weiß.

Experiment – Eine künstlich geschaffene Situation zur Erhebung von Daten, demgegenüber versucht die Feldforschung, Daten und Erkenntnisse in der Alltagswelt zu erheben. In einem engeren Sinn sind speziell geschaffene Situationen, z.B. ein Forscher verkleidet sich als Bettler und die Reaktion der Passanten auf den vermeintlichen Bettler wird beobachtet, Experimente. In einem weiteren Sinne haben auch Befragungen, teilnehmende Beobachtungen einen experimentellen Charakter, die besondere Situation wirkt sich mehr oder weniger auf die Ergebnisse aus.

Hermeneutik – Dies ist die Kunst der Interpretation. Vom Ursprung her spielt die Hermeneutik vor allem bei der Interpretation von Texten eine Rolle. Mit der Objektiven Hermeneutik, die im Übrigen dem Text eine zentrale Rolle in der Sozialforschung zubilligt, wurde ein aufwändiges Verfahren entwickelt, wie Interpretationen objektiviert werden können. Hermeneutische Verfahren werden vor allem in der qualitativen Forschung angewandt.

Hypothese – Ausgangsaussage vor einer Untersuchung, die das Verhältnis mindestens zweier Variablen betrifft. Eine einfache Hypothese kann lauten: Der Studienerfolg ist abhängig von der vorherigen Abiturnote. Im Ergebnis der Untersuchung kann diese Aussage dann entweder bestätigt (verifiziert) oder verworfen (falsifiziert) werden.

Index – Mit einem Index werden mehrere Merkmale zu einem Messwert zusammengefasst, dabei ist es wichtig, dass diese entweder alle positiv oder alle negativ korrelieren. Die Bildung von Indices erlaubt eine bessere Übersicht und konzentriertere Aussage und kann auf diese Art das vorher in Merkmale aufgegliederte Konstrukt wieder auf Grundlage der Untersuchungsergebnisse zu einem Gesamtbild zusammensetzen.

Indikator – Eine durch Sinne wahrnehmbare Eigenschaft. Der Studierendenausweis ist ein Indikator für die Studierendeneigenschaft einer Person.

Induktion – Ableitung vom Besonderen auf das Allgemeine, z.B. ein Schwan ist weiß, daher sind alle Schwäne weiß.

Item – Antwortmöglichkeit bzw. Aussagen. Z.B. werden in einem Fragebogen auf die Frage nach der Einstellung zur Zukunft fünf verschiedene Aussagen zum Ankreuzen angegeben, jede dieser Aussage ist ein Item.

Kategorisieren – Meint die Bildung von verschiedenen Typen im Rahmen der Auswertung von qualitativer Forschung. Werden z.B. Interviews ausgewertet, wird nach vergleichbaren Inhalten gesucht, die zu Kategorien zusammengefasst werden, z.B. Aussagen über Beruf, Aussagen über Familie.

Kodieren – Beim Kodieren geht es darum, für wahrnehmbare Daten oder Erscheinungen einen „Code" zu finden, sprich einen Begriff. Die Aussage in einem Interview „ich fühle mich sehr oft niedergeschlagen und sinnlos" könnte z.B. als „depressive Grundhaltung" kodiert werden.

Konstrukt – Wenn in der empirischen Sozialforschung von einem Konstrukt die Rede ist, so handelt es sich um einen vielschichtigen Sachverhalt, der nicht direkt beobachtbar ist. Ein solches Konstrukt kann beispielsweise die politische Partizipation Jugendlicher sein. Dieses Konstrukt muss für eine empirische Untersuchung übersetzt und in Merkmale und Indikatoren beobachtbar gemacht werden. Beispielsweise können mögliche Merkmale des genannten Konstruktes die Mitarbeit in einer politischen Partei, die Teilnahme an Demonstrationen, die Übernahme von gemeinschaftlichen Aufgaben und Ähnliches sein. Es kommt gerade bei dem Konstrukt sowohl auf dessen Gültigkeit (Konstruktvalidität) sowie dessen Operationalisierung an. Wird im Beispiel die politische Partizipation nur an Parteien festgemacht, sind andere Ergebnisse zu erwarten als in einer breiteren Verwendung des Konstruktes.

Median – Neben dem Modus und dem arithmetischen Mittel ein weiterer Wert, der als Lagemaß oder Mittelwert bezeichnet wird. Werden die ermittelten Werte in einer aufsteigenden Reihenfolge hintereinander geschrieben, so ist der Median der in der Mitte stehende Wert (ungerade Anzahl), bzw. der gemittelte Wert der beiden mittleren Werte. Bei der Zahlenreihe 1, 1, 2, 3, 3, 3, 4, 5, 5, 500 ist der Median demnach 3.

Merkmal – Meist im gleichen Sinne wie Variable verwendet.

Modus – Modus ist ebenfalls (wie das arithmetische Mittel oder der Median) ein Lagemaß, und zwar ist mit dem Modus der Wert gemeint, der am häufigsten vorkommt. Im Beispiel der Zahlenreihe 1, 1, 2, 3, 4, 5, 500, 500, 500 lautet der Modus 500.

Pretest – Überprüfung eines Datenerhebungsinstruments vor der eigentlichen Datenerhebung, u.a. auf Verständlichkeit, Dauer und Gültigkeit.

Operationalisierung – Es geht dabei um die Handhabbarmachung einer Forschungsfrage für die Forschung. Zur Operationalisierung von Arbeitszufriedenheit muss erst einmal überlegt werden, wie diese definiert wird, wie und mit welchen Instrumenten diese messbar ist. Dabei kann auf bereits vorhandene Theorien und Methoden zurückgegriffen werden.

Qualitative Sozialforschung – Der qualitativen Sozialforschung geht es um das „Wie", um Sinnzusammenhänge, die bei einzelnen untersucht werden, um diese zu verstehen.

Quantitative Sozialforschung – In der quantitativen Sozialforschung wird davon ausgegangen, dass Sachverhalte sich durch Messungen in Zahlen ausdrücken können. Dabei geht um Verallgemeinerungen, um Aussagen, die möglichst über die untersuchten Personen hinaus Geltung haben.

Randomisierung – Ziehen einer Zufallsstichprobe.

Reichweiten – Grad der Verallgemeinerbarkeit einer Aussage oder eines Forschungsergebnisses. Die gängige Unterscheidung von Reichweiten geht auf den Soziologen René König zurück. Demnach stellt die geringste Reichweite die empirische Regelmäßigkeit dar: Erscheinungen treten mit einer nachweisbaren Häufigkeit oder Regelmäßigkeit auf. Eine weitere Reichweite lässt eine Entwicklung von Ad-hoc-Theorien zu, räumlich-zeitliche Aussagen lassen sich treffen. Bei Theorien mittlerer Reichweite können Aussagen für vergleichbare Kulturen getroffen werden. Schließlich haben Theorien höherer Komplexität eine universelle Gültigkeit. Aus der Kenntnis sozialer Zusammenhänge ergibt sich, dass empirische Studien in der Regel höchstens eine mittlere Reichweite erreichen können.

Rekonstruktion – Meint die Wiederherstellung oder den Nachvollzug einer Konstruktion. In der Sozialforschung geht es darum, dass Wissenschaftler versuchen, die Konstruktionen der Wirklichkeit von zu erforschenden Personen und Gruppen nachzuvollziehen. Rekonstruktionsforschung ist ein (großer) Bereich der qualitativen Forschung.

Sampling – Das Ergebnis der Entscheidung über die zu untersuchenden Beispiele (samples). In der Regel geht es in der qualitativen Sozialforschung um eine theoretisch geleitete Auswahl der zu untersuchenden Personen bzw. Fälle.

Signifikanz – Bedeutsamkeit. Eine hohe Signifikanz als Ergebnis einer Rechenoperation sagt nur aus, dass es sich um ein bedeutsames Rechenergebnis handelt und kann noch nicht ohne weiteres als in der Wirklichkeit vorkommender Effekt gesehen werden. Es kann sich auch schlicht und einfach um einen Rechenfehler handeln.

Skala – Eine Skala ist die Messeinteilung, die bei einer Frage vorgenommen wird. Je nachdem, welche Skala genutzt wird, können nur bestimmte statistische Auswertungen vorgenommen werden. Beispielsweise kann bei einer Nominalskala, die die Items (Antwortmöglichkeiten) männlich und weiblich hat, kein arithmetisches Mittel gebildet werden, es würde keinen Sinn machen zu sagen, der Durchschnitt aller Befragten sei 1,3 männlich, eine Häufigkeitsverteilung dagegen macht Sinn (z.B. 80 % der Befragten sind weiblich). Weitere Skalen sind die Ordinalskala (es gibt eine Rangfolge der Werte), die Intervallskala (alle Zahlenwerte haben den gleichen Abstand) oder die Ratio- bzw. Absolutskala (es gibt einen Nullpunkt).

Standardabweichung – Die durchschnittliche Abweichung vom arithmetischen Mittel, damit wird die Streuung angegeben.

Stichprobe – Teil der zu untersuchenden Menge. Werden z.B. alle Wahlberechtigten in Deutschland untersucht, so wird in aller Regel nur ein Teil dieser „Grundgesamtheit der Wahlberechtigten" befragt. Um diesen Teil zu bestimmen, gibt es eine Reihe von Möglichkeiten der Stichprobenziehung. Meist handelt es sich um eine Zufallsstichprobe.

Theorie – Ein widerspruchsfreies Gebilde von Aussagen empirischer oder logischer Art, meist zusammengesetzt aus Gesetzen und Hypothesen, z.B. die Theorie der Gruppe oder die Systemtheorie.

Variable – Merkmal, wobei die untersuchte Variable als abhängige Variable, die unabhängige als Randbedingung definiert ist. Wird die Zukunftsperspektive von Studierenden untersucht, ist die abhängige Variable eben diese Zukunftsperspektive, unabhängige Variablen können Alter, Geschlecht, Vorbildung, Monatseinkommen, Studienschwerpunkt u. ä. sein. Dichotome Variabeln können nur zwei Werte annehmen (Beispiel: Geschlecht: weiblich oder männlich), mit diskreten Variablen werden solche beschrieben, die nur eine bestimmte, geringe, Anzahl von Werten haben können. Kontinuierliche oder stetige Variablen sind solche, die einen beliebigen Wert haben können (z.B. Anzahl der Kinder). Die Unterscheidung zwischen manifesten und latenten Variablen trifft eine Aussage, ob eine Variable direkt beobachtbar (manifest) oder nicht direkt beobachtbar (latent) ist. Manifeste Variablen sind daher auch identisch mit Indikatoren.

Varianz – Die quadrierte Standardabweichung.

Zufallsstichprobe – Aus einem Untersuchungsbereich, z.B. aller Studierenden einer Fachhochschule (Grundgesamtheit) wird eine Zufallsstichprobe gebildet, in dem eine Anzahl von Studierenden aus der Menge aller Studierenden ausgewählt wird und dabei jeder und jede Studierende die gleiche Wahrscheinlichkeit hat, ausgewählt zu werden oder nicht ausgewählt zu werden. Von einer geschichteten Zufallsstichprobe wird gesprochen, wenn z.B. vor der Auswahl z.B. die Grundgesamtheit unterteilt wird nach Geschlecht oder Studienfach und dann jeweils in dieser Teilmenge der Studierenden eine Auswahl getroffen wird.

9.2 Literaturverzeichnis

Albert, Martin 2006: Soziale Arbeit im Wandel. Professionelle Identität zwischen Ökonomisierung und ethischer Verantwortung, Hamburg

Albrecht, Harro 2008: Jeder Patient zählt, Was klinische Großstudien übersehen, in: Die Zeit v. 21.5.2008, S. 33

Atteslander, Peter [12]2008: Methoden der empirischen Sozialforschung, Berlin

AutorInnenkollektiv 2004: Alles hat ein Ende ... Erfahrungen und Ausblicke sozialpädagogischer Forschungspraxis an einer Universität. In: Schrapper, Christian (Hrsg.): Sozialpädagogische Forschungspraxis. Positionen, Projekte, Perspektiven. Weinheim, S. 259-262

Bachert, Robert/Vahs, Dietmar 2007: Change Management in Nonprofit-Organisationen, Stuttgart

Beywl, Wolfgang u.a. 2007: Evaluation Schritt für Schritt: Planung von Evaluationen, Münster

Bohnsack, Ralf [6]2007: Rekonstruktive Sozialforschung. Einführung in qualitative Methoden, Opladen

Bohnsack, Ralf u.a. (Hrsg.) ²2006: Hauptbegriffe Qualitativer Sozialforschung, Opladen

Bortz, Jürgen/Döring, Nicola ²2002: Forschungsmethoden und Evaluation: für Human- und Sozialwissenschaftler, Berlin

Bühl, Achim ¹⁰2006: SPSS 14. Einführung in die moderne Datenanalyse, München

Bundesregierung 2008: Lebenslagen in Deutschland. Der 3. Armuts- und Reichtumsbericht der Bundesregierung, Berlin

Bundesregierung 2005: Lebenslagen in Deutschland. Der 2. Armuts- und Reichtumsbericht der Bundesregierung, Berlin

CDU Deutschlands u.a. 2005: Gemeinsam für Deutschland. Mit Mut und Menschlichkeit. Koalitionsvertrag von CDU, CSU und SPD, Rheinbach

Christa, Harald 2006. Strukturelle Verantwortung in der Sozialen Arbeit. Potenziale sozialpolitischer Steuerung am Beispiel Hilfen zur Erziehung, in: Christa, Harald/Clausnitzer (Hrsg.). Verantwortung im Führen und Leiten in der Sozialen Arbeit, Leipzig, S. 83-103

Deutsche Gesellschaft für Evaluation 2002: Standards für Evaluation, Köln

Dilthey, Wilhelm 2002: Das Verstehen anderer Personen und ihrer Lebensäußerungen, in: Haan, Gerhard de/Rülcker, Tobias: Hermeneutik und Geisteswissenschaftliche Pädagogik. Ein Studienbuch, Frankfurt/M., S. 65-83

Doppler, Klaus/Lauterburg, Christoph ¹¹2005: Change Management. Den Unternehmenswandel gestalten, Frankfurt/M.

Esser, Hartmut u.a. 1977: Wissenschaftstheorie. Band I, Stuttgart

Essl, Günter 2006: Forschungsdesign der qualitativen Sozialforschung, in: Flaker, Vito/Schmid, Tom (Hrsg.). Von der Idee zur Forschungsarbeit. Forschen in Sozialarbeit und Sozialwissenschaft, Wien, S. 101-123

Fachbereich Sozialpädagogik an der Pädagogischen Hochschule Berlin 1975. Überlegungen zur Handlungsforschung in der Sozialpädagogik, in: Haag, Fritz u.a. (Hrsg.). Aktionsforschung. Forschungsstrategien, Forschungsfelder und Forschungspläne, München, S. 56-75

Flaker, Vito/Schmid, Tom (Hrsg.) 2006: Von der Idee zur Forschungsarbeit. Forschen in Sozialarbeit und Sozialwissenschaft, Wien

Flick, Uwe 2007: Qualitative Sozialforschung. Eine Einführung, Reinbek

Flick, Uwe ²2008: Triangulation: Eine Einführung, Wiesbaden

Foerster, Heinz von 1993: Wissen und Gewissen. Versuch einer Brücke, Frankfurt/M.

Haag, Fritz u.a. (Hrsg.) 1975: Aktionsforschung. Forschungsstrategien, Forschungsfelder und Forschungspläne, München

Hackl, Peter/Katzenbeisser, Walter ¹¹2000: Statistik für Sozial- und Wirtschaftswissenschaften, München

Häder, Michael 2006: Empirische Sozialforschung. Eine Einführung, Wiesbaden

Hart, Elizabeth/Bond, Meg 2001: Aktionsforschung für Pflege-, Gesundheits- und Sozialberufe, Bern

Jahoda, Marie u.a. 1975: Die Arbeitslosen von Marienthal. Ein soziographischer Versuch, Frankfurt/M.

Kelle, Udo 2007: Die Integration qualitativer und quantitativer Methoden in der empirischen Sozialforschung. Theoretische Grundlagen und methodologische Konzepte, Wiesbaden

Kirchhoff, Sabine u.a. [3]2006: Der Fragebogen. Datenbasis, Konstruktion und Auswertung, Wiesbaden

Knoblauch, Hubert 2006: Transkription, in: Bohnsack, Ralf u.a. (Hrsg.): Hauptbegriffe Qualitativer Sozialforschung, Opladen, S. 159-160

König, Joachim [2]2007: Einführung in die Selbstevaluation. Ein Leitfaden zur Bewertung der Praxis sozialer Arbeit, Freiburg

Kriz, Jürgen u.a. 1990: Wissenschafts- und Erkenntnistheorie, Opladen

Kromrey, Helmut 2006: Empirische Sozialforschung. Modelle und Methoden der standardisierten Datenerhebung und Datenauswertung, Stuttgart

Kuckartz, Udo u.a. [2]2008: Qualitative Evaluation. Der Einstieg in die Praxis, Wiesbaden

Lewin, Kurt 1953: Tat-Forschung und Minderheiten-Probleme, in: ders.: Die Lösung sozialer Konflikte, Bad Nauheim, S. 278-298

Lück, Helmut E. 2001: Kurt Lewin. Eine Einführung in sein Werk, Weinheim

Maier, Konrad 2007: Entwicklung von Verfahren durch integrierte Praxisforschung in der Sozialen Arbeit, in: Engelke, Ernst u.a. (Hrsg.): Forschung für die Praxis. Zum gegenwärtigen Stand der Sozialarbeitsforschung, Freiburg, S. 324-332

Marrow, Alfred J. 2002: Kurt Lewin, Leben und Werk, Weinheim

Mayring, Philipp 2002: Einführung in die Qualitative Sozialforschung. Eine Anleitung zum qualitativen Denken, Weinheim

Mayring, Philipp [9]2007: Qualitative Inhaltsanalyse, Grundlagen und Techniken, Weinheim

Mesec, Blaž 2006: Action Research, in: Flaker, Vito/Schmid, Tom (Hrsg.): Von der Idee zur Forschungsarbeit. Forschen in Sozialarbeit und Sozialwissenschaft, Wien, S. 191-222

Meuser, Michael 2006: Rekonstruktive Sozialforschung, in: Bohnsack, Ralf u.a. (Hrsg.) [2]2006: Hauptbegriffe Qualitativer Sozialforschung, Opladen, S. 140-142

Miethe, Ingrid u.a. (Hrsg.) 2007: Rekonstruktion und Intervention. Interdisziplinäre Beiträge zur rekonstruktiven Sozialarbeitsforschung, Opladen

Moser, Heinz 1995: Grundlagen der Praxisforschung, Freiburg

Müller, C. Wolfgang 2007: Forschung als Handwerk, in: Kruse, Elte/Zegeler, Evelyn (Hrsg.): Weibliche und männliche Entwürfe des Sozialen. Wohlfahrtsgeschichte im Spiegel der Genderforschung, Opladen, S. 171-181

Oberloskamp, Helga u.a. [6]2001: Gutachtliche Stellungnahme in der sozialen Arbeit, Neuwied

Popper, Karl R. [7]1995: Alles Leben ist Problemlösen. Über Erkenntnis, Geschichte und Politik, München

Porst, Rolf 2008: Fragebogen. Ein Arbeitsbuch, Wiesbaden

Pothmann, Jens 2003: Grenzgänge, Anmerkungen zur Anwendung von Messinstrumenten in der Sozialen Arbeit, in: DISKURS 2/2003, S. 19-25

Raithel, Jürgen 2006: Quantitative Forschung. Ein Praxiskurs, Wiesbaden

Rech, Jörg 2008: Evaluation und organisationale Lernprozesse, in: Zeitschrift für Sozialmanagement, S. 69-91

Schneider, Armin 2005: Wege zur verantwortlichen Organisation. Die Bedeutung der ethischen und theologischen Perspektive für die Qualität der Organisations- und Personalentwicklung, Frankfurt/M.

Schneider, Armin 2008: Evaluation Verfahren und Instrumente, Remagen

Schnell, Rainer u.a. [7]2005: Methoden der empirischen Sozialforschung, München

Schöneck, Nadine M./Voß, Werner 2005: Das Forschungsprojekt. Planung, Durchführung einer quantitativen Studie, Wiesbaden

Schönig, Werner 2008: Extreme Armut wahrnehmen und aufdecken. Wider die Mittelschichtsorientierung in der Armutsforschung, in: Amos international, 2/2008, S. 3-9

Schrödter, Mark/Ziegler, Holger 2007: Was wirkt in der Kinder- und Jugendhilfe? Internationaler Überblick und Entwurf eines Indikatorensystems von Verwirklichungschancen. Band 2 Wirkungsorientierte Jugendhilfe, Münster

Schweikart, Rudolf/Steiner, Uta 2007: Grundlagenforschung in der Sozialen Arbeit, in: Engelke, Ernst u.a. (Hrsg.): Forschung für die Praxis. Zum gegenwärtigen Stand der Sozialarbeitsforschung. Freiburg, S. 280-288

Seipel, Christian/Rieker, Peter 2003: Integrative Sozialforschung. Konzepte und Methoden der qualitativen und quantitativen Forschung, Weinheim

Staub-Bernasconi, Silvia 2007: Forschungsergebnisse und ihre Bedeutung für die Theorieentwicklung, Praxis und Ausbildung, in: Engelke, Ernst u.a. (Hrsg.): Forschung für die Praxis. Zum gegenwärtigen Stand der Sozialarbeitsforschung, Freiburg, S. 19-46

Völter, Bettina 2008: Verstehende Soziale Arbeit. Zum Nutzen qualitativer Methoden für professionelle Praxis, Reflexion und Forschung. Forum Qualitative Sozialforschung/Forum: Qualitative Social Research, 9(1), Art. 56, http://www.qualitative-research.net/fqs-texte/1-08/08-1-56-d. htm eingesehen am 4. Juni 2008

Wendt, Wolf Rainer o.J.: In Sozialer Arbeit forschen und für Soziale Arbeit forschen. Überlegungen zu Gegenstand und Methodik, www.deutsche-gesellschaft-fuer-soziale.arbeit.de/wendt.shtml eingesehen am 4. Juni 2008

Wernet, Andreas [2]2006: Einführung in die Interpretationstechnik der Objektiven Hermeneutik, Wiesbaden

Zaviršek, Darja 2006: Ethnographic research as the source of critical knowledge in social work and other caring professions, in: Flaker, Vito/Schmid, Tom (Hrsg.): Von der Idee zur Forschungsarbeit. Forschen in Sozialarbeit und Sozialwissenschaft, Wien, S. 125-143

9.3 SOFTWARE

GRAFSTAT

Einfach zu bedienendes Programm zur Fragebogenerstellung und -auswertung. Mit diesem für öffentliche Bildungseinrichtungen kostenlos zu beziehenden Programm lassen sich Fragebogen zum Ausdruck oder zur Online-Beantwortung entwerfen und in Grafiken, Häufigkeiten bis hin zu einigen bivariaten Auswertungsformen bearbeiten. Weiterführende Auswertungen können über die Übertragung auf gängige Tabellenverarbeitungsprogramme oder auf SPSS vorgenommen werden. Bezugsquellen: Online über www.grafstat.de (kostenlos) oder als CD-ROM über die Bundeszentrale für politische Bildung (Bereitstellungspauschale): ww.bpb.de

SPSS

Ursprüngliche Bezeichnung: Statistical Package for the Social Sciences. Umfangreiches Auswertungsprogramm für Meinungsumfragen, Verbraucherstudien und quantitative Befragungen aller Art. Statistische Auswertungen sind mit diesem Programm ohne Formelwissen möglich. Allerdings wird eine Einführung in das Programm sowie Wissen über die Bedeutung und Interpretation der Rechenergebnisse (Chi-Quadrat-Test, Regressionsrechnungen, Faktorenanalysen, Korrelationsanalysen, ...) vorausgesetzt. Für die Privatanwendung empfiehlt sich die Anschaffung auf Grund der hohen Kosten nur bei häufiger Nutzung. Oft ist die Software in Fachhochschule und in den meisten Fällen in den Universitäten vorhanden. Dort werden von den Rechenzentren kostengünstige Anwenderschulungen durchgeführt.

Neben diesen Programmen existieren eine Reihe von Computerprogrammen, die teilweise kostenlos beziehbar sind, wie Programme zur Online-Befragung sowie Programme zur qualitativen Analyse z.B. von Texten. Die einschlägige Literatur zu den jeweiligen Methoden sowie die Rechenzentren der Hochschulen helfen an dieser Stelle weiter.